LETTRE
A UN AMI
SUR LA RÉVOLUTION FRANÇAISE.

LETTRE
A UN AMI
OU
CONSIDÉRATIONS POLITIQUES,
PHILOSOPHIQUES ET RELIGIEUSES

SUR LA RÉVOLUTION FRANÇAISE;

Suivies du Précis d'une Conférence publique entre un Élève des Écoles Normales, et le Professeur GARAT.

For human Weal Heav'n husbands all Events.
Night-Thoughts. Night. I. V. 105.

A PARIS,

Chez { J. B. LOUVET, Libraire, Palais Égalité, Galerie Neuve, derrière le Théâtre de la République, N°. 24.
MIGNARET, Imprimeur, rue Jacob, N.° 1186.
Et chez tous les Marchands de Nouveautés.

AN III.

LETTRE
A UN AMI
SUR
LA RÉVOLUTION FRANÇAISE.

Rassure-toi, mon ami ; il est encore des Français qui, loin de penser que les vérités religieuses aient eu à souffrir du renversement de la ci-devant église, sont persuadés qu'elles ne peuvent qu'y gagner infiniment. Je suis du nombre de ces Français : tu verras même, dans cette Lettre, à quel degré je porte la confiance sur ce point ; et d'avance, je t'avoue que je crois voir la Providence se manifester à tous les pas que fait notre étonnante révolution.

Je crois que sa main équitable a eu pour objet de détruire les abus qui avoient infecté l'ancien gouvernement de France dans toutes ses parties : abus parmi lesquels l'ambition des prêtres et leurs sacrilèges malversations ont tenu le premier rang.

Je crois qu'après avoir extirpé ces abus si majeurs, la Providence donnera au Peuple Français, et par la suite à bien d'autres peuples, des jours de lumière et de paix dont nos pensées ne peuvent peut-être pas encore évaluer tout le prix.

Enfin, je crois qu'elle a eu pour but de laver l'esprit de l'homme de toutes les taches dont il se souille journellement dans sa ténébreuse apathie, et dont il n'auroit pas la force de se purifier lui-même, si elle le laissoit à ses propres moyens et aux débiles efforts de son infirme volonté.

Ces réflexions à-la-fois politiques, philosophiques et religieuses, m'ont fréquemment occupé pendant les six années de la crise où nous sommes encore. Le moment est venu de les rassembler et de les mettre en ordre; je me livre à cette entreprise avec d'autant plus de plaisir, que j'y suis conduit par l'espoir de servir utilement mon pays; et que c'est presque le seul genre où je sois dans le cas de lui payer mon tribut.

Mais avant de motiver ma profession de foi sur cet important objet, de même qu'avant de t'exposer quelques bases politiques qui se lient naturellement à mon sujet, et auxquelles probablement tu ne t'attends point, permets-moi, mon ami, de jeter un regard sur les moyens défectueux que la plupart des observateurs et des philosophes religieux emploient pour défendre leur cause, c'est-à-dire, pour nous démontrer Dieu et nous apprendre à le servir.

Je conviens avec eux que la nature nous prouve évidemment l'existence d'une cause créatrice ; j'ajouterai même qu'on ne peut douter que cette cause créatrice n'ait un but dans tous ses ouvrages, puisque nous en avons bien un dans les nôtres ; mais il me semble que se réduire, comme ils le font, à prouver la puissance créatrice de l'Être suprême, ce n'est pas nous offrir le plus sublime des caractères qui le constituent : il reste encore à nous prouver le Dieu juste, le Dieu régnant sur des êtres libres, le Dieu aimant, enfin le Dieu qui indique à nos ames et à nos pensées les voies par lesquelles nous puissions nous rendre conformes aux vues de sa sagesse, et comme tel, ayant des droits à notre confiance, à notre amour et à nos hommages.

Or, nous ne demanderions point toutes ces conditions à l'Etre qui ne seroit que la cause créatrice de la nature, et qui continueroit simplement à la diriger dans son cours, puisque cette cause paroît être liée et comme nécessitée dans les loix par lesquelles elle gouverne l'univers, en ce que les phénomènes de cette nature reviennent régulièrement et périodiquement sous nos yeux, sans que nous ayons besoin d'implorer son auteur, et quand même nous ne nous occuperions pas de son existence.

Ainsi, ne prouver Dieu que par la considération la nature, ce n'est pas établir d'une manière solide et complette son vrai caractère, et encore moins la nécessité de lui rendre hommage, puisqu'il faut auparavant prouver le Dieu prêt à recevoir cet hommage, le Dieu susceptible de le goûter, d'en peser le prix au poids de son propre sanctuaire, et de nous en rendre la valeur.

Bien plus, s'il n'existoit pas pour nous d'autre Dieu que le Dieu tout-puissant et créateur de la nature, ce seroit en vain que les mots *hommages* et *religion* (qui ne sont pas, il est vrai, tout-à-fait la même chose) seroient venus dans la pensée de l'homme, ou pour mieux dire, ils n'y seroient jamais venus, puisque nous voyons que ces noms et la chose qu'ils expriment, ne sont connus que de l'espèce humaine, et sont entièrement étrangers à toutes les autres espèces de créatures qui cependant sont, comme nous, sous le régime et le gouvernement de la nature.

En outre, je trouve que cette preuve que les observateurs prennent dans le simple spectacle des choses physiques, est non-seulement insuffisante, mais même à-peu-près inutile, s'ils n'ont en vue que les philosophes purement Naturalistes : car les naturalistes ne sont point Athées, comme on le suppose, et en examinant soigneusement leurs opinions sur ce point, on voit qu'ils se trompent plutôt en transposant la cause créatrice de la nature, qu'en la niant : oui, ils la nient moins qu'ils ne la transposent ; car le sage place, lui, cette cause hors de la nature ; et eux, ils la placent dans la nature : voilà toute la différence. Et en effet, nous ne devons plus nous arrêter à ce nom vague de hasard qu'ils donnent à cette cause, et qui prouve seulement qu'ils ne savent comment la nommer, mais non point qu'ils en contestent l'existence.

Le vrai Athée, s'il y en a, et par conséquent le vrai impie, est celui qui, portant ses regards sur l'ame humaine, en méconnoît la grandeur et en conteste l'immortelle spiritualité, puisque ce n'est que dans le caractère et l'immensité des dons et des vertus, dont l'ame de l'homme est susceptible, que nous pouvons voir réfléchir, comme dans un miroir, tous les rayons purs et sacrés, dont se doit composer le tableau du Dieu des êtres : ainsi, éteindre l'ame humaine, c'est couvrir comme d'un voile lugubre la Divinité que cette ame seule a le pouvoir de signaler dans tous les mondes ; c'est éteindre cet éternel soleil, d'où tout provient, et le plonger, avec l'universalité des choses, dans le deuil et l'obscurité du néant.

Le seul moyen que nous aurions donc de prouver le Dieu juste, le Dieu régnant sur des êtres libres, enfin le Dieu aimant et source d'un bonheur qui puisse se communiquer à d'autres êtres, ce seroit sans doute de démontrer dans sa créature l'existence de quelque base ou de quelque essence analogue à lui, et propre à recevoir et à sentir ce bonheur dont il est le principe ; enfin, ce seroit de démontrer l'existence spirituelle et immortelle de l'ame humaine, puisque cette ame humaine qui dans sa nature radicale et intégrale est tout desir et tout amour, se trouvant être alors le témoignage actif du Dieu saint et aimant, comme la nature physique est le témoignage passif du Dieu puissant et créateur, nous aurions posé par là tous les fondemens de l'édifice, et il ne s'agiroit plus que de travailler à sa construction : car c'est beaucoup sans doute que d'avoir reconnu l'existence immortelle de cette ame humaine, comme l'ont fait plusieurs bons esprits sur la terre ; mais reconnoître une chose, ce n'est pas toujours la démontrer.

Pour atteindre à un but si important, il faudroit, ce me semble, discerner avec attention la marche des deux substances qui nous composent, ne pas prendre nos sens pour le principe de nos idées, quoiqu'ils en soient les organes ; comme un tube ne se prend point pour le principe de l'étincelle électrique qui vient par son moyen réveiller la vie dans mes nerfs : méprise grossière et impardonnable avec laquelle la philosophie matérielle ne cesse d'opérer les plus grands ravages.

Il faudroit observer que le pouvoir de la matière sur notre esprit, n'est qu'un pouvoir passif, avec lequel elle peut, à la vérité, en absorber le jeu et les facultés, comme on le voit dans mille circonstances ; mais non le détruire lui-même, ni l'anéantir, puisque si les obstacles qu'elle lui oppose viennent à cesser, il reprend ses droits et se montre tel qu'il étoit.

A 3

Il faudroit observer qu'avec ce simple pouvoir passif et absorbant, elle ne peut rien opérer d'actif sur notre être, ni rien produire dans ce *nous* spirituel qui est concentré dans notre enveloppe corporelle ; tandis que notre esprit a le pouvoir actif de créer dans cette matière qui l'emprisonne mille talens, mille dons et mille facultés qu'elle n'auroit pas eus par sa nature ; toutes preuves fondées sur les merveilles de nos arts et de tous nos exercices corporels, et consacrées dans des ouvrages publiés sur ces objets.

Il faudroit sur-tout observer que l'ame de l'homme ne peut vivre que d'admiration, et qu'il n'y a que lui qui en soit susceptible parmi tous les autres êtres de la nature ; que ce besoin d'admiration dans l'homme, suppose au-dessus de nous une source inépuisable de cette même admiration qui est notre aliment de première nécessité ; sans quoi notre principe-mère nous auroit trompés, en nous formant avec un appétit impérieux qu'il n'auroit pas pu satisfaire ; ce qui démontre à-la-fois, d'un seul trait, l'existence d'un Etre-Suprême et admirable qui vive de sa propre admiration, la supériorité absolue que nous avons sur tous les êtres de la nature, puisque nous sommes les seuls qui puissions participer aux douceurs de cette admiration, et enfin nos immortels rapports et notre sainte analogie avec le foyer éternel et inextinguible de la vie et de la lumière.

C'est de-là que nous verrions dériver naturellement ce délicieux tribut d'amour et d'hommage que nous lui offririons par un doux intérêt, plutôt que par une servile crainte ; et qui, par cette raison, devroit porter un nom plus grand et plus beau que le nom de religion, qui entraîne toujours avec lui quelque chose de sombre.

Car, mon ami, avant d'employer ce mot *religion* qui a versé tant de maux sur la terre, il auroit fallu commencer par nous en présenter le véritable sens, et nous développer l'idée naturelle de ce mot profond qui ne peut être que de *rallier* ou *relier* péniblement à leur source ou à leur principe, des êtres qui s'en trouveroient écartés; c'est-à-dire, qu'après avoir établi l'existence spirituelle et immortelle de l'ame humaine, faite par sa nature pour avoir des rapports avec Dieu, il auroit fallu appuyer sur l'altération visible de ces rapports, altération dont la pensée de l'homme peut chercher la cause par-tout, excepté dans le principe suprême, qui est le seul en qui on ne puisse pas la trouver, puisque, par son essence, il n'est et ne peut produire que l'ordre et l'harmonie; mais altération qui est mille fois plus démontrée par les désordres de la terre, et par une seule des inquiétudes habituelles de l'ame humaine, que le contraire ne l'est par toutes les assertions et le balbutiement des philosophes.

Il auroit fallu nous faire observer que la liberté, dans son vrai sens, étant le pouvoir que chaque être a d'accomplir sa loi, nous avons dû posséder ce pouvoir, comme tous les autres êtres; sans quoi l'auteur des choses eût fait à notre égard une exclusion barbare et inconséquente, vu la grandeur de la destination que nous appercevons dans notre essence radicale; mais que si l'on nous a donné nécessairement ce pouvoir, et que cependant nous ne l'ayons plus, comme notre misère en est la preuve, il faut bien que nous l'ayons laissé perdre, puisque le souverain principe qui, par sa nature, est l'éternel générateur de ce pouvoir, ne peut pas en même temps en engendrer la mort et la destruction.

Il auroit fallu, au contraire, nous peindre l'amour inextinguible de ce principe suprême pour sa production, et nous tracer comment ce vivant amour n'a pu chercher, depuis l'altération de nos rapports primitifs, qu'à multiplier les sentiers par lesquels l'ame humaine pût se rapprocher de lui et se réunir avec lui, comme étant le seul centre où elle pût trouver son repos. Car s'il faut être insensé pour nier notre dégradation, quand même on ne la sauroit point encore expliquer, il faut l'être également pour nier l'amour du Suprême-principe pour sa créature et son image ; ainsi il le faut être pour nier qu'il n'ait ouvert de tout temps et de toutes manières des voies de réhabilitation et de régénération pour l'homme. Or, si ces voies sont ouvertes par l'amour, qui oseroit en circonscrire le nombre et l'étendue ?

La nécessité même de l'existence de ces voies innombrables et salutaires, n'entraîne point l'idée d'une fatalité aveugle et qui nous contraigne, puisque cette nécessité trouve avant elle une loi plus nécessaire encore : celle de l'amour. Car, convenons-en ici avec une ravissante et sainte hardiesse, Dieu, à l'égard de toutes ses créatures, est dans la fatalité de l'amour éternel qui le lie à elles, sans pouvoir s'en détacher. Mais qu'il y a loin de cette fatalité qu'il se commande à lui-même, comme étant la propre source de ses affections ! qu'il y a loin, dis-je, de cette fatalité fondée sur l'universalité de sa vivante existence qui embrasse tout, à cette fatalité servile et ténébreuse, dont les poëtes et les philosophes ont entaché le Créateur, quand ils n'ont pas su nous offrir la clef des mouvemens versatiles et involontaires de sa créature ! Rien de plus sublime en lui que cette fatalité même, puisque, pour développer parfaitement la profondeur de son amour, il faut qu'elle nous laisse le pouvoir de répondre ou de résister aux avances que ce suprême amour nous fait continuellement, afin que cet amour puisse reposer sur quelque analogie, sur quelque base qui soit libre comme lui, et en même temps, afin que nous sentions la dignité de notre existence qui nous permet de prétendre à être librement et volontairement cette base sur laquelle vienne reposer cette divine et éternelle fatalité, qui fait de Dieu l'être le plus grand, le plus terrible et le plus aimable ; parce qu'elle en fait à jamais et sous tous les rapports l'être le plus aimant, le plus vivant et le plus nécessaire.

Sous ce point de vue de l'amour inépuisable du principe suprême, qui ne s'occupe qu'à produire et multiplier pour sa créature égarée, les moyens libres de retourner à lui, on auroit pu nous montrer combien le mot de *religion* devient moins sombre par la superbe perspective qu'il nous offre de nous élever un jour au mot d'*hommage*, et par l'immensité des voies qui s'ouvrent à ce dessein sous nos pas, puisque l'amour tenant au centre universel de toute chose, il doit pouvoir accompagner tout ce qui sort des mains de son souverain auteur ; on auroit pu en outre nous montrer que ce ne sont pas seulement les actes de son amour que le Suprême-principe emploie à cette œuvre du premier ordre, mais aussi les actes de sa sagesse et de sa puissance, pour nous arracher à cet état de langueur et de violence où est visiblement détenue l'ame humaine.

Et c'est ici que la nature physique reprenant son rang parmi les témoignages que la raison exige, nous verrions le Dieu complet et universel nous offrir tout ce qui est en lui pour nous aider à nous rallier avec lui. Car si dans son état d'harmonie, l'homme est fait pour participer et jouir avec délices, de toutes les œuvres merveilleuses de la Divinité, toutes ces mêmes œuvres ne font que changer de rapports avec l'homme, lorsqu'il descend dans la désharmonie ; et si dans ce changement de rapports, elles ne sont plus pour lui des moyens de jouissances aussi vives que dans son état de régularité ; elles sont toujours pour lui des moyens de ralliement, et c'est alors qu'elles deviennent pour lui des religions.

Ainsi les élémens, l'air, le son, la durée, le temps, les langues, le calcul, l'intime alliance qui se trouve entre les bonnes mœurs et les bases de la société naturelle et civile, les institutions politiques dont l'invention nous appartient moins que nous ne le croyons, puisque nous ne pouvons rien créer, l'histoire de l'espèce humaine, le tableau même de ses préjugés et de ses universelles erreurs dans lesquelles on auroit trouvé probablement un résidu fixe, si l'on s'étoit donné le temps et l'attention nécessaire pour en laisser évaporer le volatil et l'hétérogène, les inexprimables et secrets mouvemens du cœur de l'homme, sur-tout cette espèce de sainte vénération dont il se trouve saisi quand il contemple sa propre grandeur, et qui, malgré ses crimes, ses ténèbres et ses écarts, le révèle à lui-même comme un Dieu *dévêtu*, (passez-moi le terme) comme un Dieu honteux, qui rougit de se trouver si expatrié sur la terre, qui pleure de ne pouvoir s'y montrer dans sa vraie et sublime forme, et qui est plus timide et plus embarrassé encore devant le crime, que le crime n'est timide et embarrassé devant la vertu ; voilà des sentiers dans lesquels la pensée de l'homme eût pu trouver autant de religions, c'est-à-dire, autant de moyens de rallier de lui-même son intelligence, son esprit et son cœur à la source unique dont il descend, et sans laquelle il n'y a point de paix pour lui ; parce qu'en parcourant soigneusement ces sentiers, il n'eût pu manquer de rencontrer celui qui lui étoit propre, et qui l'auroit conduit infailliblement à son terme.

Je t'avoue, mon ami, qu'avec tant de données qui sont offertes aux observateurs, pour appuyer leurs principes religieux, je suis peiné de ne leur en voir jamais employer aucune, et des abandonner toutes pour recourir à des livres et à des miracles. Les livres sacrés qu'ils nous citent, sont naturellement à une telle distance de la croyance et de la pensée de l'homme, qu'il n'est pas étonnant de leur voir manquer leur but avec de pareilles armes. Les vérités dont il s'agit sont antérieures à tous les livres : si l'on ne commence pas par apprendre à l'homme à lire ces vérités dans son être, dans sa situation ténébreuse en opposition avec la soif de son cœur pour la lumière, enfin dans le mouvement et le jeu de ses propres facultés, il les saisit mal dans les livres : au lieu que si, par l'active inspection de sa propre nature, il s'est déjà vu tel qu'il est, et a pressenti ce qu'il peut être, il reçoit sans peine les confirmations qu'il en peut trouver dans les traditions, et qui ne font plus alors que venir à l'appui d'un fait déjà existant et reconnu pour lui.

A plus forte raison en est-il ainsi des miracles : je crois que c'est un mot qu'on n'auroit jamais dû prononcer devant l'homme sans l'avoir engagé auparavant à tâcher de découvrir la clef de son être. On ne peut trop le répéter, c'est dans lui, et dans lui seul, que l'homme peut trouver l'intelligence de tous les miracles; car s'il avoit une fois apperçu le miracle de sa propre nature, il n'y en auroit plus qui pussent le surprendre.

Je ne me propose point, mon ami, d'entrer ici dans le détail de toutes ces recherches, et de toutes les démonstrations qui seroient nécessaires pour remplir un si vaste plan; d'autant que, comme je l'ai déja dit, la plupart de ces développemens existent dans des écrits publics. D'ailleurs, une simple Lettre ne pourroit embrasser un pareil objet.

Supposant donc, d'après ce court exposé, toutes ces bases établies et toutes ces vérités reconnues entre nous deux, je reviens, après cette légère excursion, me réunir à toi, te parler comme à un croyant, te faire, dans ton langage, ma profession de foi sur la révolution Française, et t'exposer pourquoi je pense que la Providence s'en mêle, soit directement, soit indirectement, et par conséquent pourquoi je ne doute pas que cette révolution n'atteigne à son terme, puisqu'il ne convient pas que la Providence soit déçue et qu'elle recule.

En considérant la révolution Française dès son origine, et au moment où a commencé son explosion, je ne trouve rien à quoi je puisse mieux la comparer qu'à une image abrégée du jugement dernier, où les trompettes expriment les sons imposans qu'une voix supérieure leur fait prononcer; où toutes les puissances de la terre et des cieux sont ébranlées, et où les justes et les méchans reçoivent dans un instant leur récompense. Car, indépendamment des crises par lesquelles la nature physique sembla prophétiser d'avance cette révolution, n'avons-nous pas vu, lorsqu'elle a éclaté, toutes les grandeurs et tous les ordres de l'état fuir rapidement, pressés par la seule terreur, et sans qu'il y eût d'autre force qu'une main invisible qui les poursuivît? N'avons-nous pas vu, dis-je, les opprimés reprendre, comme par un pouvoir surnaturel, tous les droits que l'injustice avoit usurpés sur eux?

Quand on la contemple, cette révolution, dans son ensemble et dans la rapidité de son mouvement, et surtout quand on la rapproche de notre caractère national qui est si éloigné de concevoir, et peut-être de pouvoir suivre de pareils plans, on est tenté de la comparer à une sorte de féerie et à une opération magique ; ce qui a fait dire à quelqu'un qu'il n'y auroit que la même main cachée qui a dirigé la révolution, qui pût en écrire l'histoire.

Quand on la contemple dans ses détails, on voit que quoiqu'elle frappe à-la-fois sur tous les ordres de la France, il est bien clair qu'elle frappe encore plus fortement sur le clergé. Car la noblesse elle-même, cette excroissance monstrueuse parmi des individus égaux par leur nature, ayant déja été si abaissée en France par quelques Monarques et par leurs ministres, n'avoit plus à perdre, pour ainsi dire, que de vains noms et que des titres imaginaires ; au-lieu que le clergé, étant dans la jouissance de tous ses droits factices et de toutes ses usurpations temporelles, devoit éprouver, sous tous les rapports, le pouvoir de la main vengeresse qui conduit la révolution ; attendu qu'on ne peut guères se refuser à regarder les prêtres comme les plus coupables, et même comme les seuls auteurs de tous les torts et de tous les crimes des autres ordres.

En effet, c'est le clergé qui est la cause indirecte des crimes des Rois, parce que c'est le prêtre qui, selon les expressions de l'écriture, devoit être *la sentinelle d'Israël*, et qui, au-contraire, abusant des paroles adressées à Moyse, à Samuel et à Jérémie, s'est arrogé le droit d'instituer et de destituer les Rois, de les consacrer, et de légitimer ensuite tous leurs écarts et tous leurs caprices, pourvu qu'ils eussent soin d'alimenter l'ambition et la cupidité de ce même prêtre; enfin, parce que ces Rois, qu'il regardoit comme ses créatures, enfantoient par-tout, en son nom, tous ces abus qui, sortant d'une racine déja altérée, se communiquoient naturellement et progressivement à toutes les branches de l'Etat.

Selon toutes les écritures que les observateurs nous citent, et plus encore selon le livre indélébile écrit dans le cœur de l'homme, la Providence voudroit être le seul Dieu des peuples, parce qu'elle sait qu'ils ne peuvent être heureux qu'avec elle; et le clergé a voulu lui-même être pour eux cette Providence. Il n'a cherché qu'à établir son propre règne, tout en parlant de ce Dieu, dont souvent il ne savoit pas même défendre l'existence.

Il lui avoit été dit, à ce clergé, qu'il ne resteroit pas pierre sur pierre du temple bâti par la main des hommes; et malgré cette sentence si significative, il a couvert la terre de temples matériels, dont il s'est fait par-tout la principale idole. Il les a remplis de toutes les images que son industrieuse cupidité a pu inventer; et par là il a égaré et tourmenté la prière, tandis qu'il ne devoit s'occuper qu'à lui tracer un libre cours.

Il lui avoit été dit de donner gratuitement les trésors qu'il avoit reçus gratuitement; mais, qui ne sait comment il s'est acquitté de cette recommandation!

Si le sujet n'étoit pas si grave, et si je ne craignois que l'on ne confondît dans ces jugemens sévères ceux des membres du clergé qui par leurs vertus et leur bonne foi méritent essentiellement des exceptions, je te dirois comment les prêtres ont transformé tous les droits salutaires et bienfaisans qui primitivement auroient dû leur appartenir, en une despotique dévastation et en un règne impérieux sur les consciences ; comment ils n'ont fait par-tout de leurs livres sacrés, qu'un tarif d'exaction sur la foi des ames ; comment, avec ce rôle à la main, et escortés par la terreur, ils venoient chez le simple, le timide ou l'ignorant, à qui ils ne laissoient pas même la faculté de lire sur le rôle sa quotte de contribution de croyance en leur personne, de peur qu'il n'y vît la fraude ; ressemblant en cela aux collecteurs des impositions pécuniaires qui abusent quelquefois de l'ignorance et de la bonhomie du villageois ; comment sur-tout ils ont rendu nul le seul remède et le seul régime qui pouvoient nous rendre la santé et la vie ; mais, dans le vrai, ces tableaux répugneroient trop à mon cœur, et d'ailleurs ce n'est point à moi à exercer ici la justice ; je la laisse à celui qui sait mieux que l'homme la graduer dans toutes ses mesures, et j'aime mieux gémir sur les prêtres égarés, soit trompés, soit trompeurs, que de les inculper davantage ; c'est assez pour moi de te les avoir montrés comme étant les accapareurs des subsistances de l'ame que la Providence a eu principalement en vue dans notre révolution, parce qu'ils interrompent la circulation de ces subsistances pour les taxer à leur volonté et laisser ainsi l'homme dans la disette ; prévarication qui, selon les prophètes, tient aux yeux de Dieu, le premier rang parmi toutes les prévarications ; parce que Dieu veut alimenter lui-même les ames des hommes avec l'abondance qui lui est propre, et qu'elles soient, pour ainsi dire, comme rassasiées par sa plénitude.

Aussi cette destruction du clergé n'auroit jamais pu avoir lieu en France par les seuls efforts de la puissance humaine, attendu que les Rois même, dans les temps de leur plus grande élévation, n'auroient pas pu porter la moindre atteinte aux droits de ce clergé, sans s'exposer : au lieu que la puissance des Rois n'a pas été plutôt resserrée, qu'il s'est vu renversé dans ses possessions, dans ses grandeurs, et ensuite dans sa considération, au point qu'il est comme réduit aujourd'hui à abjurer jusqu'aux moindres traces de son existence.

Seroient-ce aussi les efforts de la seule puissance humaine qui eussent pu renverser le Monarque Français ? Ce Monarque que ce même clergé nommoit son bras droit ; ce Monarque qui, dans l'opinion politique, étoit au-dessus de tous les Rois de l'Europe ; ce Monarque enfin qui se trouvant précipité le premier de tous ses collègues, leur donne par là une leçon assez instructive pour qu'ils ne négligent pas d'y faire attention ? car cette classe d'hommes a une grande méprise à expier ; c'est que ceux qui siègent sur les trônes, et les courtisans qui s'infectent et s'enivrent dans leur athmosphère soporeuse, ferment tellement les yeux aux grandes vérités et aux grands principes, qu'ils concentrent toute une nation dans un seul homme et dans ceux qui peuvent tenir à lui, tandis que c'est à tous les hommes d'un état à s'oublier, pour se dévouer et ne se voir que dans la Nation.

Avec

Avec un pareil bandeau sur les yeux, comment nos ennemis auroient-ils donc assez élevé leurs regards, pour appercevoir quel est le mobile de notre surprenante révolution qui peut s'appeler la révolution du genre-humain? Ils n'ont pas vu qu'aucune force humaine, toute seule, n'eût pu opérer tous ces faits prodigieux qui s'accumulent journellement devant nous, parce qu'aucune pensée humaine toute seule n'eût pu en concevoir le projet : ils n'ont pas vu que les agens même de notre révolution l'ont commencée sans avoir de plan établi, et qu'ils sont arrivés à des résultats sur lesquels ils n'avoient sûrement pas compté.

Ils n'ont pas vu que la révolution n'a commencé par un grand pays, comme la France, que pour en assurer d'avance le succès : car si elle eut commencé dans des pays d'une moindre prépondérance, comment eût-elle pu résister seule à tous les ennemis qui l'eussent attaquée?

Ils n'ont pas vu que dès l'origine de cette révolution, toutes les tentatives qu'on a faites contre elle ont tourné à son avantage : ils n'ont pas vu que n'y ayant aucun chef de parti dans cette révolution, qui n'a rien d'humain que l'extérieur et que le jeu apparent de quelques passions, des mains malfaisantes peuvent faire disparoître quelques-uns des agens qui sont employés à cette grande œuvre, sans qu'elle cesse pour cela d'avoir son cours; puisqu'on ne détruit point un parti dont on ne peut connoître ni atteindre le chef.

Ils n'ont pas vu que l'époque actuelle est la crise et la convulsion des puissances humaines expirantes, et se débattant contre une puissance neuve, naturelle et vive; et que la Providence permet que les aveugles mortels aient ainsi le bandeau sur les yeux, pour

B

accomplir eux-mêmes le décret qui veut abolir le règne de la vaine puissance de l'homme sur la terre.

Il n'étoit donc pas difficile de prévoir qu'en éprouvant les effets de l'étoile surprenante qui veille sur notre révolution, nos ennemis finiroient par fuir tous devant nous, et par dire, comme les mages de Pharaon à la vue des prodiges de Moyse : *Ici est le doigt de Dieu*. Mais ils se repentiront de n'avoir pas fait cet aveu plus tôt, et d'avoir cru qu'ils pourroient se conduire avec une grande Nation, libre et veillant elle-même à ses propres intérêts, comme ils en agissoient autrefois avec un cabinet ministériel.

Ils se repentiront d'avoir cru ne nous faire qu'une guerre ordinaire et humaine, tandis que quand on veut tout observer soigneusement, on voit que depuis le commencement des choses, il n'y a réellement eu dans le monde que deux guerres divines, ou, si l'on veut, que deux guerres de religion ; savoir, la guerre des Hébreux, qui a duré pour ainsi dire depuis Moyse jusqu'à Titus, et celle de notre révolution actuelle, quoique le mot de religion soit comme effacé aujourd'hui de toutes nos délibérations, de toutes nos institutions et de toutes nos opérations politiques.

La Providence s'occupe plus des choses que des mots : ce sont les hommes qui s'occupent plus des mots que des choses : aussi les guerres humaines où on a le plus parlé de religion sont celles où la religion étoit la plus étrangère ; aussi les guerres et les massacres innombrables de l'Islamisme, quoiqu'étant une esquisse des guerres religieuses, se bornoient à détruire et ne bâtissoient point ; aussi nos guerres des croisades et de la ligue, celles du luthéranisme et celles du schisme d'Angleterre, quoique se faisant toutes au nom de la religion, n'étoient que des guerres d'hypocrisie ; et en fait de religion, elles ne détruisoient ni ne bâtissoient : au lieu que la guerre actuelle, toute matérielle et humaine qu'elle puisse paroître aux yeux ordinaires, ne se borne point à des démolitions, et elle ne fait pas un pas qu'elle ne bâtisse.

Comment croirions-nous donc à la question politique qui a semblé être, de la part de nos ennemis, le motif de cette guerre ? Ils savoient bien, ainsi que nous, qu'elle en étoit à peine le prétexte, et qu'ils ne s'acharnoient tant contre nous, que pour reculer de quelques instans la chûte qui les menaçoit ; car c'est une vérité prouvée par tous les faits de l'histoire, que les hommes arment bien moins pour leurs opinions, que pour leurs affections et leurs cupidités personnelles : aussi leurs opinions restent-elles ordinairement les mêmes à la fin de leurs guerres, et il n'y a que leurs affections vicieuses, qui même sans se détruire, se bornent à changer d'objet et de modifications.

L'homme, à la vérité, pourroit bien se battre corps à corps pour des affections, s'il n'y avoit que ces mobiles-là chez lui ; mais sûrement il ne feroit point de guerres combinées et méditées, car les animaux n'en font point de cette espèce, quoiqu'ils se battent, attendu qu'ils n'ont point d'opinions pour colorer leurs fureurs et leurs ravages.

Quant à la meilleure forme de gouvernement, ou à cette question politique, qui n'étant tout au plus qu'un prétexte pour nos ennemis, comme je viens de le dire, a mis cependant à tant de monde les armes à la main contre nous, je crois que les publicistes en général, ayant toujours confondu le fond de l'association humaine avec sa forme, n'ont pas plus éclairci cette difficulté avec leurs décisions, que les guerriers ne l'éclaircissent avec leurs sabres. Comment cela seroit-il autrement? ils tâtonnent encore sur le pacte social, ils ne me montrent pas le lien positif qui a uni les familles humaines, dans l'état de société originelle ; ils ne me montrent que des débris de l'association humaine, et ne me présentent point les nations dans leur primitive indépendance.

Les nations se trouvent liées par-tout par une force dont on a fait honneur à l'homme, quand on n'a pas pu lui trouver d'autre origine, et à laquelle on a donné en conséquence ce nom de pacte social, tandis que par-tout cette force les domine elles-mêmes à leur insu; car de tout temps les peuples servent alternativement de moyens à l'accomplissement du grand-œuvre de la Providence, selon leurs crimes, comme selon leurs vertus : c'est sur-tout dans les grandes crises qu'ils ne doivent se considérer que passivement; car l'homme n'est jamais plus livré à lui-même, que quand ses voies sont encore obscures et silencieuses; c'est lorsqu'il travaille encore à combler ces mesures, qu'il peut se regarder comme actif : il ne l'est plus lorsqu'elles débordent, parce qu'alors elles l'entraînent dans leur mouvement, et il ne fait plus que recueillir le fruit de ce qu'il a semé.

On voit d'ailleurs que les véritables pouvoirs de l'homme se bornent presque par toute la terre, à l'industrie de l'administration, mais que les corps de peuple et les gouvernemens se forment d'eux-mêmes, et sont les résultats naturels des temps et des circonstances que l'homme occasionne ou laisse naître ; et c'est pour cela que le mode de cette formation doit si souvent se refuser à nos calculs. Enfin, on voit aussi par toute la terre, que les loix fondamentales et constitutives des États se présentent avec une imposante majesté, sous laquelle elles tâchent de se montrer, comme étant consacrées et unies radicalement aux loix supérieures de l'éternelle justice, c'est-à-dire, à des loix que l'homme n'a point faites.

Ce n'est, mon ami, que dans ces observations naturelles que nous pourrions appercevoir l'esprit du lien social, ainsi que le plan et le véritable objet de l'association humaine ; et si ces points sont si peu développés dans les doctrines des publicistes, c'est qu'au lieu d'observer attentivement la nature des choses, ils ont voulu la composer. Voici le peu d'idées que j'ai à te communiquer sur cette matière.

Si l'homme n'avoit éprouvé aucune altération dans les facultés primitives de son être original, son association n'eût été qu'une société fraternelle, où il eût joui du développement de tous les sentimens purs de son essence spirituelle, dans l'innocence et la vérité de sa nature. Il n'auroit eu que des mouvemens doux à sentir et à répandre, que des bienfaits à recevoir et à communiquer et aucuns maux à redouter ; parce que dans ces anciennes époques, malheureusement si éloignées de nous, la main suprême eût fait tout pour lui, pour ainsi dire, à son insu ; comme on voit aujourd'hui que la nature physique fait tout pour les enfans, et qu'ils jouissent de tout sans avoir d'inquiétudes sur la durée et le renouvellement de tous ces biens qui leur sont prodigués.

L'homme, dans cet état primitif, pouvant développer sans contrainte les germes de ses plus douces vertus, n'auroit pas même eu besoin d'y faire usage, ni de ses facultés délibérantes et judiciaires, puisqu'il n'y auroit eu pour lui que du bien à recueillir, ni de ses facultés coërcitives et répressives, puisque dans cette grande famille il n'y auroit point eu de méchants à contenir. Ces facultés néanmoins auroient toujours résidé en lui, mais comme en puissance, comme enveloppées et en repos; et il eût été tout entier à la vive jouissance de ces facultés aimantes et expansives, qui forment le premier caractère de notre être, attendu qu'elles forment le premier caractère de cet universel principe où nous avons puisé la naissance, et qui a voulu particulièrement que par ce signe-là on nous reconnût pour son image.

Mais l'altération évidente que l'homme a subie et qui, comme je te l'ai dit plus haut, est mille fois plus démontrée par les désordres de la terre et par une seule des inquiétudes de l'ame humaine, que le contraire ne l'est par les assertions et le balbutiement des Philosophes; cette altération, dis-je, a placé l'homme dans une situation mixte qui lui fait perdre de vue sa première existence, et qui rend son portrait difficile à faire, non-seulement aux publicistes, mais à tout autre observateur qui ne s'éleveroit pas plus haut qu'eux.

Son association naturelle n'offre plus l'image de ce bonheur et de cette paix dont il eût joui dans son état régulier, puisque ses facultés morales et ses vertus, qui seules auroient été la source de ce bonheur, sont languissantes et n'offrent plus leur énergie originelle. Cette association naturelle ne peut cependant pas être, même aujourd'hui pour lui, une simple société animale et brute, puisque nous avons clairement reconnu en lui un caractère si tranchant et si distinct de la brute et de l'animal, puisque d'ailleurs les animaux se montrent bien en familles et en troupes à nos yeux, mais ils ne s'y montrent pas en société libre, volontaire et susceptible de perfectionnement; et puisqu'enfin la brute n'embrasse dans ses affections que l'individu, tandis que l'homme embrasse dans les siennes toute l'espèce, et vit dans la généralité des êtres de sa classe, quel que soit l'intervalle des temps et des espaces.

Cette complication n'empêcheroit donc pas que l'homme ne pût avoir encore une société naturelle dans laquelle il jouît d'une mesure de bonheur appropriée à sa nouvelle situation ; car une des plus grandes merveilles qui se présentent à ceux qui savent observer, c'est de voir comment dans la multiplicité des progressions où les êtres peuvent descendre, toutes les proportions se maintiennent et se conservent, à quelque point que le tableau se réduise ; secret profond de la sagesse qui veut par là, que si la vérité peut s'obscurcir par les négligences de l'homme, elle ne puisse jamais se perdre totalement pour lui, puisqu'il a toujours les moyens de la démêler et de la reconnoître.

Ainsi, malgré la différence qu'il y auroit entre ces deux sortes de sociétés ; malgré que la première eût toujours commencé et fini par le bonheur, sans inquiétude ni souffrance, et que la seconde ne puisse plus commencer que par la fatigue et le travail, et qu'elle ne se termine jamais que par un bonheur acheté et qui ressemble à un salaire toujours arrosé de nos sueurs, il n'en est pas moins vrai que nous pourrions encore y voir des traces de notre existence originelle, si nous voulions mettre à profit ce

B 4

qui nous reste de ces dons et de ces vertus intégrales qui constituent notre essence, et sur lesquelles repose notre véritable destination. Ainsi donc, à quelque degré que s'étendent nos misères et notre ignorance, nous aurions pu et nous pourrions encore représenter une société de frères, tous occupés du bonheur de leurs frères, n'ayant d'autres mobiles que leurs vertus, et d'autres maîtres que la Providence ; tableau qui paroîtra sans doute n'appartenir qu'à la chimère, si l'on demande d'en trouver le modèle pur sur cette terre de ténèbres et de mensonges, mais qui ne manqueroit cependant pas de trouver encore des témoignages dans le cœur des hommes de bien, et c'est de là que vont dériver toutes les solutions du problème.

Si au lieu de suivre ces sentiers vertueux et salutaires, quelque membre de cette société, déjà altérée et réduite, vient à prendre une route inverse, et à choquer les bases de cette justice naturelle dont nous avons tous conservé des traces, d'autres membres sentiront se réveiller vivement en eux les mouvemens de cette même justice par la contraction qu'elle éprouvera, et ils mettront en évidence et à découvert, par leurs représentations, ces éternels principes qui demeurent en repos et comme cachés en nous, au sein même de notre dégradation, tant que l'occasion ne nous engage pas à les manifester. Or, cette maifestation faisant sortir de leur cœur ce pouvoir inné en nous de peser dans la balance tous les degrés de la justice et des atteintes qu'elle peut recevoir, va changer sur-le-champ le caractère de cette société fraternelle naturelle, et la transforme en une société civile naturelle, c'est-à-dire, en une société où les loix de l'éternelle justice devront parler, puisque la voix de l'éternelle vertu y est devenue étrangère.

Cette société civile, cependant, seroit bien loin de ressembler aux nôtres, puisqu'on n'y verroit que des loix positives et solidement motivées, au lieu de ces loix aveugles, sans bases comme sans vigueur, dont le civil des nations est inondé. Cette société civile même pourroit espérer, par le développement de ces loix positives, de voir les violateurs rentrer dans les voies de la vertu, c'est-a-dire, de voir rétablir dans ses mesures cette espèce de société fraternelle naturelle dont nous sommes encore susceptibles, et sûrement tel seroit son principal but, parce qu'elle sait tous les avantages que l'association humaine en retireroit : aussi sent-on que même les loix civiles qui régissent le monde ne devroient point, sèlon leur vrai caractère, être des loix de rigueur, qu'elles ne devroient être que des instructions, un rappel à l'ordre, et une indication des moyens propres à faire renaître et à maintenir dans la société fraternelle naturelle, la somme de bonheur qu'elle peut comporter.

Mais si cela n'arrive pas, si les loix positives se développent en vain, les premiers violateurs qui, par un nouveau crime, s'oublient encore jusqu'à les braver, se rendront par là doublement coupables, et appelleront sur eux un remède plus actif et plus violent que ces loix positives elles-mêmes ; et cette nouvelle transgression fera développer dans quelques autres membres, ces forces répressives et coërcitives qui sont aussi bien innées en nous que les principes positifs de la justice, et qui doivent donner à l'homme le pouvoir de faire respecter tous les droits de cette justice ; car, à quoi lui serviroit le droit de les connoître, s'il n'avoit en même temps le moyen de contenir tous les malveillans qui oseroient leur porter atteinte? Si je vois, sans le condamner, l'homme animal et brute, repousser une injustice par la force de son bras, et aller jusqu'à ôter la vie à celui qui veut lui nuire; pourquoi ne voudrions-nous pas que dans l'homme moral et doué de privilèges si supérieurs à ceux de l'homme animal et brute, il existât des pouvoirs également capables de maintenir la justice, et de redresser les torts qu'on lui voudroit faire? Enfin, si chaque production de la nature a son droit de conservation; si l'animal qui est si supérieur aux autres productions de la nature, a en outre le pouvoir de poursuivre son ennemi et de le terrasser; pourquoi l'homme - esprit, qui est si supérieur à la nature entière, ne seroit-il pas semblablement partagé selon sa classe? La Providence elle-même, ne jouit-elle pas au suprême degré de cet incontestable privilège, et n'aurions-nous pas par là un nouveau droit d'être son image?

Ce second développement va encore apporter un nouveau changement dans le corps social, dont nous suivons ici en spéculation les degrés progressifs, et le faire passer de l'état de société civile naturelle, à un état que nous appellerons société politique naturelle; car la différence de la société civile à la société politique consiste en ce que la première doit chercher à prévenir et à guérir les atteintes que peut éprouver la société naturelle, et en ce que la seconde a le pouvoir de les punir, soit dans ses propres membres, soit dans les autres sociétés politiques qui peuvent menacer son existence : c'est toujours son même pouvoir répressif et coërcitif qui est prêt à se développer dans ce double danger; et comme nous le voyons dans nos sociétés politiques, elle doit, soit dans l'intérieur, soit à l'extérieur, être dans un état hostile, ou dans un état de surveillance et de défiance habituelle, qui n'est qu'une hostilité moins apparente.

Au demeurant, mon ami, c'est pour me conformer à la loi du temps, dans laquelle nous sommes emprisonnés, que je te peins ici comme successives, des diversités qui ont été comme instantanées dans l'origine, et dont nous ne retrouvons même en aucun temps les élémens et les principes que comme unis et combinés les uns avec les autres, parce que l'altération de notre état régulier a précipité à-la-fois, avec l'homme, les ténèbres dont il venoit de se remplir, et le peu de lumières qui lui étoient restées, ses vices et ses vertus, ses passions et sa raison ; de façon que les maux et les biens se choquant pour lui avec une rapide violence, auront tendu avec la même force et la même rapidité, à lui procurer le peu d'équilibre et d'assiète sociale dont il est encore susceptible dans ce bas monde ; et on voit là les germes et les racines de ce grand arbre qui devoit produire dans le cours des âges et dans la longueur des siècles, les fruits bons et mauvais dont ses sucs étoient dépositaires.

Aussi pouvons-nous croire que les trois espèces de sociétés naturelle, civile et politique, ou pour mieux dire, que les vertus naturelles de l'homme, ses facultés judiciaires et ses facultés coërcitives et répressives, avoient déja poussé des rameaux dans la première famille terrestre du genre-humain, et que c'est parce que ces rameaux salutaires y furent méconnus, qu'arriva ce lamentable fratricide dont les arts ont retracé de nos jours le tableau, avec cette épigraphe si instruc-

tive : *Prima mors, primi parentes, primus luctus.*
Mais dans de semblables catastrophes, il n'y a que la victime de détruite, la chose reste ; car un crime n'anéantit pas un droit, au contraire, il le confirme ; il ne peut qu'en suspendre l'usage momentanément, et qu'en retarder les triomphes. Poursuivons.

Lorsque la société naturelle viendra à s'altérer, il n'y aura point à chercher qui seront ceux qu'il faudra employer pour en prévenir la dissolution ; ce seront ceux en qui les mouvemens de la justice innée chez toute l'espèce humaine, se seront réveillés d'une manière plus saillante, ceux en qui la contradiction de l'injustice aura le plus ému de ces principes positifs qui peuvent seuls en faire le contre-poids, et ramener l'équilibre. Car plus le désordre et l'erreur abondent, plus il faut d'ordre et de vérité pour les balancer ; loi dont l'application devient plus difficile et plus obscure, à mesure que l'on s'éloigne de la racine, et que l'on se plonge dans le torrent des âges où tout s'extraligne ; mais qui doit être facile et même à l'abri de toute équivoque, lorsqu'on se rapproche des époques où tout agissant simultanément et avec une complète énergie, ne laisse pas même le temps ni la nécessité de choisir.

Ainsi, qu'on n'objecte plus que c'est livrer la question à l'arbitraire, sur ce que chacun pourra prétendre avoir atteint ce degré de développement indispensable pour éclairer les autres. On doit sentir à présent que si l'on admet dans l'homme-esprit ces lumières et ces dons qui constituent notre être, leur valeur aura son prix par elle-même, et ne craindra point d'être effacée par l'astuce d'ambitieux rivaux : ce sera, si tu veux, pour retomber dans le temps, comme dans l'exemple du jeune Daniel qui, malgré son âge, obtint sans difficulté, par ses lumières, la suprématie sur les hommes les plus doctes et sur les plus profonds interprètes des Rois de Babylone.

Par la même raison, on en doit dire autant du passage de la société civile à l'état de société politique. Cette force coërcitive innée dans l'homme pour faire respecter les décrets de la justice, et qui se sera plus développée dans les uns que dans les autres, on fera les chefs-nés de la nouvelle société, ou de la société politique : comme dans cet exemple des Mages de Pharaon que je t'ai déjà cité, où ils rivalisèrent en vain contre le conducteur des Hébreux ; et pour son propre intérêt, cette société politique ne pourra pas mieux faire que de donner sa confiance à de pareils chefs, attendu que par ce développement, s'étant rapprochés davantage de l'œil de cette Providence qui surveille tout, ils seront d'autant plus dans le cas de recevoir la sanction de cette Providence, et la conservation de leurs pouvoirs.

Cette doctrine qui peut paroître étrangère, tant les choses humaines en sont éloignées, ne doit cependant pas paroître inconséquente, si l'on fait attention aux premières bases que nous avons posées ; et il faut, ou les admettre avec tous les corollaires que nous en tirons, ou ne pas laisser sortir l'homme hors de la classe de la brute ; car dès qu'il en sort, ce sont ces mêmes lumières et ces mêmes pouvoirs innés en lui qui l'en distinguent. Or, dès qu'on lui accorde ces lumières et ces pouvoirs, ce ne doit pas être pour les laisser dans l'inaction et la stérilité, et il faut bien, dans l'occasion, leur accorder la virtualité et la fécondité qui leur sont propres.

Toutefois, si les associations humaines ne nous

offrent plus rien de conforme à ce plan sublime, fondé sur la nature de l'homme, les désordres et les abus de ces grands principes n'ont pu cependant se développer tout à-la-fois ; ils n'ont paru que progressivement et en proportion de l'accroissement et de la multiplication du genre-humain : c'est ce qui fait qu'en s'éloignant des temps primitifs, les droits civils et politiques ont dû se trouver de plus en plus dans des mains impuissantes, illégitimes et usurpatrices ; mais comme la Providence est dans une surveillance continuelle, quoique tacite, il n'en est pas moins vrai que dans tous les temps, les hommes qui ont été réellement utiles à l'œuvre sociale, n'ont dû leur suprématie, leur élection et leurs succès qu'à ces bases et à ces lumières innées dans l'homme, et qui n'attendent que l'impulsion convenable pour se déployer et mettre en jeu tous leurs trésors.

Malheur à quiconque me reprocheroit de prêcher ici en faveur de ce que le vulgaire appelle inspiré ! Je sais trop, ainsi que toi, combien le mot est peu de mise, pour que j'ose le prononcer et en prendre la défense ; mais la peur des mots ne doit pas nous aveugler l'un et l'autre sur la nature des choses, et c'est l'essence caractéristique de l'homme qui me conduit d'elle-même aux démonstrations que je te soumets.

D'ailleurs, en accordant de tout mon cœur la radiation de ce mot si réprouvé, et avec lequel on pourroit réprouver tout, il faudra aussi qu'on m'accorde que s'il a fait commettre une erreur, c'est une erreur bien pardonnable ; car, lorsque j'examine la nature physique, j'y vois qu'aucunes substances, qu'aucunes matières organisées ne peuvent exister et remplir leur loi sans une sorte d'insufflation ou d'inspiration de la vie, de l'air qui les pénètre, qui les réactionne, et qui, s'il se retire, les laisse dans la mort et la nullité ; j'y vois aussi que plus l'air qu'elles respirent est pur et abondant, plus elles jouissent de leur force et de leur santé. Pourquoi donc l'homme-esprit n'auroit-il pas également besoin de la réaction d'un mobile qui eût de l'affinité avec lui, qui fît sortir de lui toute la vigueur de ses propriétés radicales, et à l'égard duquel il fût dans la dépendance, comme les corps de la nature le sont à l'égard de l'air de notre atmosphère ? Et sous ce rapport je ne vois pas comment sur la terre il y auroit un seul homme qui ne fût pas inspiré. La seule chose qu'il y auroit à examiner scrupuleusement, ce seroit l'espèce d'inspiration de chacun d'eux, car l'*air* peut avoir également différentes qualités dans l'une et dans l'autre de ces deux régions.

Mais ce discernement qu'il est si important de faire ne m'empêchera pas d'aller plus avant, et de te tracer une vérité encore plus étonnante ; c'est que comme les transpirations des corps sont ordinairement analogues aux substances dont ils s'impregnent, on découvre, en regardant de près, que par-tout la nature *sue* l'air, que par-tout l'air *sue* l'esprit, et que par-tout l'homme-esprit *sue* la Divinité ; observation qui suffit pour nous donner la mesure des divers principes de la réaction ou de l'inspiration des êtres.

Je t'en ai peut-être déja dit assez, mon ami, pour te faire voir combien maintenant je dois avoir peu de confiance aux différens publicistes qui ont voulu résoudre le problème social. En effet, ont-ils creusé dans l'homme jusqu'à sa vraie source ? Ont-ils pénétré jusqu'à une base positive, jusqu'à ces lumières et ces droits innés dans l'essence de notre être, sans lesquels, malgré les abus que nous en avons fait et que nous en faisons tous les jours, ce seroit en vain qu'on travailleroit à fonder l'édifice de la société humaine, soit naturelle, soit civile, soit politique, puisqu'à mesure qu'on l'éleveroit, il retomberoit dans la poussière sur laquelle on l'auroit assis? Non, ils n'ont fondé la société primitive de l'homme, que sur sa nature animale et brute, ou sur sa nature morale corrompue et viciée, au point de n'être pas susceptible de restauration ; ils n'ont ouvert en lui que la mine morte ou la mine mortifère ; et ils n'ont pas seulement entamé la mine vive qui est aussi en lui, et dans laquelle seule ils auroient trouvé de l'or pur et des matériaux à l'épreuve.

Cependant, lorsque le besoin de ces matériaux indispensables s'est fait sentir impérieusement à ces publicistes, ils n'avoient plus à qui s'adresser pour les demander, qu'à cette nature brute, ou à cette nature viciée, qui étoient les seules mines qu'ils avoient découvertes dans l'homme, et c'est de-là qu'ils ont voulu faire naître alors, n'importe par quels moyens, toutes ces lumières, toutes ces vertus et toutes ces puissances, si rigoureusement nécessaires, que sans elles il est impossible de songer à constituer l'ordre social.

La nature brute ou corrompue de l'homme, est comme le vaisseau, ou pour mieux dire, la prison où toutes ces richesses sont enfermées et comme ensevelies ; elles ne peuvent en sortir qu'en la brisant péniblement pour la traverser, comme le germe de la plante traverse la fange de la terre pour apporter ses fleurs et ses fruits au grand jour ; et au contraire, les publicistes

ont

ont voulu que cette prison en fût elle-même le germe et le principe. C'est comme s'ils prétendoient faire procréer et engendrer au rocher l'eau vive de la fontaine qui en jaillit pour nous désaltérer, tandis que c'est elle qui le mine et le ronge pour se faire une issue, et qu'il ne fait que s'entr'ouvrir pour lui laisser apporter jusqu'à nos lèvres toute la pureté qu'elle a puisée dans sa propre source.

Jean-Jacques lui-même, dont le cœur et la plume étoient si propres à faire descendre la vérité sur la terre, ce Jean-Jacques que je regarde comme un envoyé, comme un prophéte de l'ordre sensible, comme celui de tous les publicistes qui a le mieux rempli sa mission, qui a le mieux entrevu, quoique par éclair et par intervalle, ces principes supérieurs que je t'expose, enfin, qui a le plus respecté la nature de l'homme, ne l'a cependant point connue d'une manière assez positive pour nous en tracer fidèlement l'histoire. Si les germes sacrés dont je te parle se sont fait souvent sentir en lui, il n'a pas toujours pu, faute de trouver de l'appui et de la culture, leur faire rendre leur récolte ; alors sa sève s'est rejetée sur son style ; et comme cette sève elle-même contribuoit à son rare talent en ce genre, il s'attachoit à tirer d'elle au moins des fleurs, lorsqu'il n'en pouvoit pas tirer des fruits. Mais il avoit beau disposer les avenues de la vérité avec une régularité imposante, les orner de points de vue ravissans, et les animer d'un magisme enchanteur, il ne nous amenoit point jusqu'à cette habitation plus belle encore et plus délicieuse où cette vérité fait sa demeure. Aussi a-t-on regret d'être obligé de le comparer quelquefois à certains musiciens qui travaillent d'autant plus leur harmonie, que leur mélodie n'est pas constamment sûre, et qui laissent absorber leur motif principal par l'abondance de leurs accompagnemens, et par des motifs accessoires.

C'est en effet ce qui lui est arrivé dans le grand problême qui nous occupe ; car s'il va prendre les premiers hommes épars dans les bois, comme les animaux, pour les rassembler en société, s'il s'extasie sur l'état où se trouvent les sauvages, et qui lui paroît être la véritable jeunesse du monde, et le point où le genre-humain auroit dû rester, (l'Inégalité des conditions, pag. 129.) c'est qu'il ne lui a pas été donné d'arriver jusqu'à la base vive de l'association humaine, ni d'appercevoir quels en auroient dû et pu être les magnifiques développemens. Son ame délicieuse et divine a frémi d'indignation en envisageant les abominations où il a vu que l'homme civil et l'homme politique etoient arrivés, sans observer le point faux d'où ils étoient partis dès l'origine ; et trouvant le sauvage moins vicieux, il a employé toute son éloquence pour nous persuader qu'un état négatif étoit le seul terme auquel nous pussions tendre, et la seule perfection à laquelle nous pussions arriver. Or, si cet homme privilégié, qui a si souvent approché du but, nous laisse cependant en chemin, que devons-nous donc attendre des autres écrivains sur ce sujet important?

En partant de ce principe erroné, voici quelles en devoient être les conséquences. La société naturelle qu'ont imaginée les publicistes ne repose, comme tu viens de le voir, que sur les passions de l'homme animal, ou sur sa raison fragile et ténébreuse. Lorsque par une altération inévitable dans l'état des choses, ou par le développement des besoins de l'homme, cette société naturelle passera à l'état de société civile, quels sont les élémens qu'elle y apportera ? Ce ne seront pas des lumières acquises, puisqu'il n'y en avoit point à acquérir dans cette espèce de société naturelle déjà corrompue et viciée : ce ne seront point non plus des lumières inhérentes à la nature de notre être, puisque ces publicistes n'en reconnoissent point de semblables : comment cette société civile s'y prendra-t-elle donc pour rectifier les abus de la société naturelle ? Et n'est-il pas clair que n'ayant en elle d'autres mobiles que ses propres passions et ses propres ténèbres, elle ne fera qu'aggraver ces abus, au lieu de les corriger ?

Il en sera de même quand cette société civile passera au rang de société politique ; les hommes n'y apporteront point de forces morales répressives naturelles, puisque les publicistes n'en reconnoissent pas plus dans l'homme, qu'ils n'y reconnoissent de lumières de ce même genre. Cependant, lorsqu'il y faudra agir, n'ayant que leurs bras pour ressources, et que des armes pour seconder leurs bras, et cette manière d'être mettant au pair tous les hommes qui auront des bras et des armes, la société entière ne devient plus qu'un assemblage de meurtriers et de bêtes féroces qui s'exterminent et se dévorent les uns et les autres. Si c'est là tout le secret que les publicistes avoient à nous apprendre, et tout le bonheur qu'ils avoient à nous procurer, ils pouvoient se dispenser de s'asseoir dans la chaire, puisque les loups y étoient assis avant eux et pouvoient nous donner la même instruction.

Au reste, il suffiroit de lire l'inscription des canons, pour apprendre où aboutisssent les doctrines de ces publicistes, et en même temps d'où elles dérivent ; car la politique humaine, à force de dire aux Rois, que leurs canons étoient leurs dernières raisons, les a amenés à penser et à agir, comme si cette dernière raison étoit aussi pour eux la première, c'est-à-dire, qu'en fait de principe, un canon est leur *alpha* et leur *oméga*.

Tu m'objecteras peut-être qu'il règneroit encore des injustices et des désordres avec la doctrine que je te t'expose : la chose seroit possible, quoique le contraire le fût aussi ; je pourrois même dire, qu'entre une doctrine vive et une doctrine morte, il n'y auroit pas à balancer de quel côté devroient se porter nos espérances. Mais enfin, tu m'accorderas que si ces désordres se montroient, ce ne seroit sûrement pas à la doctrine que je défends, qu'il conviendroit de les imputer, puisqu'il est plus que probable qu'ils n'auroient pas eu lieu, si l'on avoit commencé par la mettre complettement en pratique, et qu'au moins ils ne seroient pas consacrés comme étant les chefs-d'œuvre de la raison, de la sagesse et de la lumière.

Mais, mon ami, ce qui ajoute infiniment à ma confiance en cette doctrine, c'est que les publicistes eux-mêmes, en la condamnant par leurs instructions, la confirment par le but louable et salutaire qu'ils semblent se proposer en voulant nous gouverner, et par les apparences de vérité, de justesse et de justice qu'ils essayent de donner à tout ce qui émane de leurs décisions.

Ils reconnoissent, comme moi, les trois ordres de société naturelle, civile et politique, quoiqu'ils eussent tort de les chercher chacune isolée sur la terre, puisque par-tout elles sont combinées ensemble, comme le sont les élémens des corps naturels. Il ne seroit pas difficile aussi de leur faire reconnoître quels sont les vrais caractères de ces trois espèces de société ; savoir, que la société naturelle devroit n'être composée que de frères, et avoir pour objet le bonheur moral de cette grande famille, vivant dans la simplicité et l'innocence ; que la société civile doit avoir pour objet l'harmonie et l'ordre intérieur de l'état ; et que la société politique doit avoir pour objet la considération et la terreur de sa puissance, soit à l'intérieur, soit à l'extérieur, notions cependant qui sont encore pour eux un peu confuses : enfin, ils accorderoient sans peine, que la sagesse et la vertu dans la société naturelle, la justice dans la société civile, et la force dans la société politique, sont les moyens correspondans à ce triple objet ; et même, quand par le cours des choses, ces différentes sociétés se développent et prennent naissance, c'est alors que les publicistes n'oublient rien pour en légitimer les actes et les puissances, pour nous persuader que tout y repose sur la justice, sur la vérité et sur une force réelle, malgré tout l'embarras où ils se trouvent pour le prouver, quand leur raison rassise et tous les brigandages de la terre viennent en témoignage contre leurs assertions.

Aussi les voit-on alors faire mille efforts pour suppléer par leur industrie et les ressources de leur esprit, à ce qui leur manque en certitudes et en pouvoirs.

Aussi les voit-on se retourner dans tous les sens pour établir les associations humaines, sans s'être jamais élevés jusqu'au degré où elles nous montreroient leur formation et leur base originelle.

Aussi les voit-on suer sang et eau pour composer leur

contrat social où, dans le fait, l'une des parties contractantes donne en force et en lumière ce qu'elle n'a pas, sans quoi elle ne manqueroit pas de le garder pour elle, et où l'autre prend ce qu'on ne lui donne pas, sans quoi elle n'auroit rien, et transforme bien vite la transaction en une boucherie juridique où, de deux hommes qui primitivement devroient être frères, l'un devient un lion, et fait de l'autre une brebis à qui il persuade impérieusement qu'elle doit, pour le bonheur de la société et pour l'honneur de la justice, se laisser dévorer par lui avec une joyeuse confiance et un patriotique acquiescement.

Aussi leur voit-on mettre en jeu toute leur science pour résoudre le problème de la propriété, quoique tout leur secret se réduise au droit de premier occupant, droit précaire; premièrement, parce qu'il ne peut pas toujours se prouver rigoureusement; en second lieu, parce que le droit de premier occupant ou de priorité particulière ne peut pas seul effacer le droit de priorité antérieure et générale qui, dans l'ordre de l'aveugle et grossière nature, donneroit toute la terre à l'espèce humaine, et parce que ce droit de premier occupant, dénué de titres plus puissans et plus lumineux, se trouve encore subordonné tout à-la-fois, et aux prétentions, et à la force d'un second occupant qui viendra déposséder l'autre s'il le peut; de façon que, sous les couleurs d'une justice raisonnée, c'est en réalité livrer l'homme à la justice de la brute, où l'on voit que le droit de premier occupant qu'un animal a sur une proie, n'empêche pas qu'un autre animal ne vienne très-légalement la lui disputer en vertu du droit naturel que tous les animaux ont sur toutes les proies, et que par conséquent le droit de premier occupant, soit parmi eux, soit parmi les hommes, n'attende toujours sa légitimité d'une bataille.

En effet, au sujet de ce droit de propriété, il faut encore en venir à nos bases, si nous voulons lui trouver une source satisfaisante. Si l'homme est composé de deux substances, il doit y avoir encore pour lui une autre espèce de propriété que les propriétés terriennes. Or, si la cause éternelle et génératrice de tout ce qui est, avoit placé l'homme moral dans les vastes et vivans domaines où germent sa sagesse et sa justice, c'étoit, n'en doutons point, pour qu'il les cultivât et pour qu'il lui en rendît le profit, mais non pour en faire une aliénation en sa faveur; puisqu'elle en est seule le propriétaire nécessaire, et qu'alors il y auroit eu deux maîtres. C'étoit comme ce que nous pratiquons encore en image aujourd'hui par rapport à nos domaines terrestres : nous y employons des ouvriers, des journaliers dont nous payons le temps et les sueurs, mais à qui nous ne transmettons ni nos récoltes, ni nos propriétés territoriales. La loi n'est qu'une dans ces deux exemples, quoique l'objet soit très-différent, et cette loi est, pour l'ouvrier, labeur et salaire : récolte et gloire pour le propriétaire et le maître.

La véritable propriété qu'eût eu l'homme dans cet ancien état, c'eût été sa propre existence d'homme-esprit dont rien, après Dieu, ne auroit compenser la valeur : c'eût été ses dons, ses lumières, ses puissances et l'ordre qu'il eût reçu d'en faire usage pour tel ou tel objet, et dans telle ou telle région, comme la première propriété de nos journaliers c'est leur corps, c'est leur talent ou leur métier, et la mission que le maître leur donne ; et la Providence eût sagement distribué tous les hommes selon leurs facultés individuelles dans les diverses régions de ses domaines, comme nous appliquons aux différens terreins des nôtres les différens ouvriers propres aux différentes espèces de culture.

Lorsque, par une suite de l'altération évidente que l'homme a subie, faute de s'être bien acquitté de son emploi, nous avons été réduits à l'état où nous nous trouvons sur cette terre, la même loi nous a suivis ; car la terre est comme le marc de ces anciennes et succulentes végétations ; et indépendamment de nos récoltes matérielles, il y a encore quelque chose à en tirer pour la sagesse et pour la justice. Or, c'étoit pour travailler à cette extraction, que depuis la chûte, les hommes eussent dû être encore distribués sur cette terre selon leurs dons et leurs talens, comme la Providence les eût distribués autrefois sur la terre primitive ; car le mode de propriété n'a point changé, il n'a fait que descendre : ainsi il eût fallu également aux ouvriers l'appel du maître pour être employés à son domaine, et il leur eût fallu également donner leur labeur comme journaliers, avant de prétendre à leur salaire.

Mais l'homme a fait la seconde fois comme la première, il n'a point voulu du labeur, et il auroit bien voulu du salaire ; il s'est fait le maître des domaines politiques et spirituels, dont il n'étoit que l'admodiateur, et après s'être conduit ainsi dans cette espèce de propriété, que nous pouvons appeler propriété morale et divine, il en a fait autant à l'égard des propriétés territoriales qui étoient combinées avec elle, et devoient en suivre le cours, depuis que nous-mêmes étions devenus soumis à la combinaison des deux substances : car qui ne travaille point n'est pas digne de vivre ; et ici l'on voit quelle seroit la méprise et l'injustice de celui qui d'après nos principes croiroit avoir des droits sur les propriétés terrestres des autres, tandis qu'il devroit se demander au contraire s'il en a de bien évidens sur les siennes même, et si elles lui sont réellement acquises par ses *vertus* ou par les *vertus* de ses ancêtres, puisque l'on ne peut se cacher que dans ce genre, nos titres fabriqués de la main des hommes ne se chargent indifféremment du mensonge et de la vérité.

Par conséquent, ce seroit dans l'abus de ces sources *virtuelles* et *vertueuses* des propriétés, que l'homme avide d'intelligence trouveroit à se rendre un compte satisfaisant de la primitive origine de la pauvreté dans tous les genres, et de cette espèce de honte qu'entraîne après elle la pénurie de la fortune, comme la pénurie des lumières et de l'autorité ; car plus la pensée de l'homme s'éloignoit de l'intention du propriétaire, et s'efforçoit d'en usurper les droits, plus ce propriétaire devoit les revendiquer, et lui faire sentir son injustice et son impuissance, jusqu'à ce qu'enfin la sagesse l'ait livré à lui-même et aux désordres qui devoient naître de ses propres ténèbres.

Or, ces désordres et ces ténèbres s'accumulant de plus en plus, tant par rapport aux propriétés divines et politiques, que par rapport aux propriétés territoriales qui se trouvent maintenant si loin de leur institution, il n'est pas étonnant que quand les publicistes veulent aujourd'hui les ramener les unes et les autres à leur base légitime et originelle, ils ne soient exposés à quelques tâtonnemens.

Pourroit-il en être autrement, mon ami, puisque,

malgré la bizarrerie de ce que je vais dire, il n'en est pas moins vrai que depuis tous ces degrés d'altération par où nous avons passé, la première propriété de l'homme actuel, c'est son indigence? Oui, c'est cette indigence qui aujourd'hui le presse de développer ses talens, et de chercher de l'emploi auprès du maître, afin de gagner sa subsistance, et d'obtenir d'être réintégré dans ses véritables propriétés : au lieu que, selon le plan primitif, il eût été mû par un autre mobile, et n'eût point eu de disette à craindre.

Indépendamment de la clef des propriétés, on eût trouvé aussi dans le plan sublime dont je te parle, celle de cet orgueil chimérique que les hommes attachent à l'éclat ou à l'antiquité de leurs noms. Car, d'après ce plan où les hommes eussent été employés selon leurs talens dans les domaines de la souveraine justice, ils eussent en outre porté tous, des noms analogues à ces mêmes talens et aux régions dans lesquelles ils eussent été appellés à en faire usage, ce dont on voit encore quelques images dans le civil des peuples. Mais il en eût été de cette culture et des résultats qui en seroient provenus, comme il en est de nos végétaux qui à chaque degré de leur cours développent de plus en plus leur action, et dont les derniers résultats qui sont les fruits, surpassent tous les résultats antérieurs. Or, les noms des hommes employés par la sagesse à la culture de ses domaines, eussent suivi la même progression, et les nouveaux noms eussent eu en conséquence une valeur d'autant plus grande, qu'ils auroient indiqué des emplois plus importans.

Mais l'homme qui a perdu de vue toutes ces vérités, l'homme qui ne prend jamais que la figure des choses et qui la prend toujours à contre-sens, a remplacé ces emplois vivificateurs par des fonctions stériles, et les noms qui les eussent accompagnés par des noms factices qu'il a trouvé plus facile d'estimer sur leur ancienneté que sur une valeur intrinsèque qu'ils n'ont point, et il a déprisé les noms nouveaux, tandis que, selon l'ordre vrai, ces noms nouveaux auroient dû porter avec eux-mêmes un prix que les plus anciens noms n'auroient pas eu.

On pourroit encore trouver là non-seulement la racine originelle de toutes ces dignités en image, mais aussi celle de toutes ces décorations d'enfant, et même de toutes ces armoiries insignifiantes, auxquelles on est forcé de convenir, quand on y réfléchit, qu'il doit y avoir radicalement un autre sens que celui de l'opinion.

Car, si c'est notre aveugle puérilité qui, dans l'état où tous ces *signes-là* sont aujourd'hui, nous y fait attacher tant d'importance, c'est l'ignorance qui nous empêche de voir, au travers de leur enveloppe, la source d'où ils dérivent, et c'est par précipitation que nous les rejettons philosophiquement parmi les poupées de notre bas âge : ils font bien sur nous le même effet, celui de nous distraire ; mais c'est par un mode différent ; ils nous occupent plus qu'ils ne nous amusent ; les poupées de l'enfant l'amusent plus qu'elles ne l'occupent ; il ne s'y attache d'abord que par privation et non point par opinion ; et dans son commerce de poupées il est de bonne foi avec tout le monde : nous, c'est l'orgueil qui nous attire vers les nôtres, c'est le faux bonheur d'être par ces distinctions, dans l'opinion de nos semblables, autres qu'ils ne sont eux-mêmes, et c'est la mauvaise foi qui nous dirige dans ce commerce que nous faisons avec eux, puisque nous exigeons qu'ils se prosternent devant nos poupées, et qu'ils les regardent comme ayant un prix que nous savons bien nous-mêmes qu'elles n'ont pas.

Dans le plan que je t'esquisse à la hâte, et selon mes foibles moyens, tous ces signes eussent été vraiment honorables, parce qu'ils eussent été vivans, et que par conséquent ils eussent indiqué sans équivoque la part que l'individu eût eu dans l'œuvre, les avantages qu'il auroit procurés par-là au règne de la vie, et même la substance sur laquelle il eût appliqué son talent, c'est-à-dire, qu'il eût vivifiée et régénérée : toutes choses dont les hommes, dans leur règne de mort, nous offrent encore des traces informes, en faisant tous leurs efforts pour que dans ce genre tout leur conventionnel paroisse caractéristique.

On y eût aussi trouvé la clef de cette féodalité qui est devenue si abusive et si bizarre dans la main des hommes, parce que là chacun eût eu son genre de redevance à payer, non pas à des hommes, mais à l'éternelle suzeraineté, en raison des dons que chacun en eût reçus, et de la portion de ses domaines substantiels dont elle lui eût accordé la jouissance ; et si toutes ces choses sont des vérités, comme je me plais à le croire, on ne peut trop apprécier le pas que la France a fait en en abolissant les frivoles figures.

Enfin, en puisant dans la même source, on n'eût sûrement pas manqué d'y rencontrer la clef de ces divers signes hyérogliphiques, déposés sur les monumens des différens peuples, et qui font le désespoir des savans ; mais ces objets nous meneroient trop loin.

Je reviens donc aux publicistes, et je te répète qu'ils

plaident pour moi au milieu de tous les tâtonnemens politiques dans lesquels ils circulent, parce que s'ils ne nous donnent pas la vérité, au moins auroient-ils envie de nous la donner, et qu'ils cherchent, sans le savoir, à la faire reposer sur cette éternelle base positive que je ne cesse de te présenter.

En effet, tout en prononçant les décisions que ces tâtonnemens leur suggèrent, ils sentent la nécessité du consentement et de l'appui d'une volonté supérieure à celle de l'homme, pour confirmer leurs réglemens, leurs loix, leurs autorités, c'est-à-dire, dans mon langage, pour confirmer ces dons, ces lumières et ces pouvoirs qui sont innés en nous, et pour nous autoriser à en faire usage : car, malgré que dans cet ordre de choses, ils ne me montrent que des images et des figures, il n'en est pas moins vrai, que dans toutes les loix qui émanent d'eux, dans toutes les autorités qu'ils constituent, dans toutes les institutions qu'ils établissent, il n'en est pas une qui, avant d'entrer en exercice, ne passe par une espèce de sanction.

Ces loix promulguées ou enregistrées, ces généraux proclamés à la tête de leurs armées, ces Rois élevés sur un pavois comme du temps de nos anciens Gaulois, ou subissant d'autres formalités ; ces magistrats qui se font installer, ainsi que tous les autres employés munis de charges publiques ; ces représentans eux-mêmes qui, malgré la validité de leur élection, sont subordonnés à la reconnoissance authentique de leurs pouvoirs ; les arts, les sciences, les talens imposant la même condition à tous ceux qui les veulent exercer dans la société ; enfin inaugurations, patentes, apothéoses, dédicace des édifices, cérémonies religieuses, civiles, politiques, et même ces simples assemblées populaires où des hommes se respectent plus qu'ils ne se respectoient avant d'entrer, où dans l'ordre et le silence majestueux qui y règnent, chacun se sent aggrandir comme par la présence d'une puissance qui n'est pas la sienne et dont il attend avec empressement les oracles ; en un mot, tout ce que font les mortels, m'offre cette leçon frappante par laquelle ces mêmes mortels, tout en reconnoissant en eux de vastes et innombrables facultés, semblent cependant avouer qu'ils n'en sont pas primitivement les seuls maîtres, et que, sans qu'ils s'en doutent, ils n'ont, dans le fait, universellement que deux sortes d'emplois à l'égard de ce principe supérieur à eux : l'un d'attendre pour mettre en jeu, les dons, les lumières et les pouvoirs qui leur sont propres, qu'une main supérieure à leur volonté les ratifie et leur accorde sa sanction ; l'autre, de lui en rendre hommage quand ils sont ratifiés, et d'en célébrer les glorieux accomplissemens, quand ils les ont heureusement conduits à leur terme.

Sonde soigneusement et longuement ce que j'avance ici, et tu verras si ce n'est pas là le sens radical de toutes ces institutions qui remplissent le monde, malgré qu'en ne les jugeant que par les faits extérieurs, et en leur laissant même le peu d'avantages que la main de l'homme ne peut pas leur dérober, elles soient universellement la proie de l'ambition, de l'hypocrisie, du fisc et de la superbe.

Or, si au travers de ces difformités, nous pouvons encore appercevoir le sens intégral et sacré de tous ces usages défigurés ; si par toute la terre, les hommes nous décèlent ainsi la vérité dans des institutions figuratives, et dans des choses conventionnelles et fausses, pourquoi ne m'accorderoient-ils pas qu'il leur fût possible de m'en offrir des témoignages encore plus parlans, s'ils marchoient dans les réalités, puisque dans ces réalités, le sens en question devroit être encore plus saillant que dans des mensonges et des apparences, attendu qu'il y seroit plus direct et plus vif, comme se trouvant dans ses élémens naturels ? Observation qui à elle seule combat plus en faveur de tous mes principes, que tous les livres de politique et de philosophie ne pourroient faire, et qui me montre l'homme assujetti à une suprême loi, non-seulement dans tous ses actes sociaux et politiques, civils et naturels, mais même dans tous ses actes privés, particuliers et individuels : enfin qui, s'il veut être dans l'ordre, me le montre soumis nécessairement dans toutes ses pensées, dans toutes ses volontés, et jusques dans ses moindres mouvemens, à cette universelle sanction et à cet universel hommage, qui constatent l'universelle souveraineté de l'universelle Providence.

Je n'ai pas besoin de te faire remarquer que même dans notre état de privation et d'épreuve, il n'eût rien manqué sans doute au bonheur de l'homme, s'il eût suivi dans un ordre direct, et non pas dans un ordre inverse, comme il le fait tous les jours, ces voies, ces sentiers ou ces usages où nous venons de découvrir fondamentalement une signification si profonde.

Les altérations n'eussent été que particlles, et les restaurations universelles, et toujours en accroissement.

La société naturelle n'y eût reconnu l'autorité d'aucun maître pris parmi les hommes, et cependant tous ses membres eussent été autant de maîtres par les droits imprescriptibles de leur libre et vertueuse nature ; aussi eussent-ils été toujours prêts à l'action, qui est le vrai caractère de la société naturelle.

La société civile eût eu des administrateurs, mais point d'autres maîtres que la justice, puisqu'il n'y eût été question que d'en rappeler et d'en exposer les principes, et puisqu'il ne faut point de maîtres, lorsqu'il ne s'agit que de conseils et de délibérations., attendu que communément les maîtres veulent et commandent plus qu'ils ne délibèrent.

Enfin, la société politique eût eu des guides et des chefs jouissans d'une efficace autorité, puisque sans cela tout l'objet de l'ordre politique eût été manqué. Mais quand même cette société politique eût eu des guides et des chefs, elle n'eût pas eu de maîtres pour cela, puisqu'ils n'eussent été, au contraire, soit au-dedans, soit au-dehors, que ses défenseurs et ses préservateurs contre les injustices et les désordres ; défenseurs cependant d'autant plus redoutables, que le malfaiteur n'eût pu se dérober à leur surveillance ni à la punition ; toutes conséquences qui résultent des principes exposés plus haut sur les véritables droits de l'homme, ces droits que je t'ai montrés comme les matériaux essentiels pour fonder solidement la société humaine, comme les élémens naturels qui nous constituent, et qu'on ne peut pas nous refuser, au moins en puissance, si ce n'est en acte, sans les refuser aussi à la Providence, attendu que nous ne pourrions plus nous dire ses images, ni nous promettre de la représenter complètement sur la terre.

Et d'avance tu peux te former ici l'idée du mot de Représentant. Tout être qui en est revêtu ne s'offre

plus

plus à notre esprit que comme le reflet d'une puissance qui lui est supérieure, d'un modèle qu'il doit chercher à imiter de son mieux pour le plus grand avantage social, mais sur lequel il ne puisse jamais peser ni dominer : car dès que le représentant pèse sur son représenté, il est probable que le caractère qu'il reçoit ou qu'il prend, est un abus de mot, puisqu'il est impossible que celui ou ceux qui l'ont chargé de les représenter, soient à-la-fois le principe et le sujet de l'action dont ce représentant devient dépositaire, et qu'ils aient la volonté de l'investir de droits qui puissent leur être préjudiciables ; et par conséquent il est bien loin de pouvoir ramener l'association à cette somme de bonheur auquel, malgré notre dégradation, notre nature nous permettroit encore de prétendre.

Mais ainsi que je te l'ai déja dit, comment les hommes conserveroient-ils des notions de cet heureux état ? comment ne le regarderoient-ils pas comme imaginaire, puisqu'ils ont suivi dans l'ordre inverse toutes les voies et tous les sentiers qui devoient les y conduire ? Ils ont fait dans la ligne sociale et politique, ce que les prêtres ont fait dans la ligne religieuse ; ils ont confondu l'ordre social avec la domination de leur propre cupidité ; l'autorité légitime et bienfaisante avec la force ou la terreur ; la suprématie extérieure avec les véritables droits de l'homme : comme ils n'étoient point convenablement préparés, lorsqu'ils s'élevoient aux différens grades de la classe sociale, c'est-à-dire, comme ils n'avoient ni cherché ni découvert la clef de leur être, ils ont substitué leur propre action informe et mal ordonnée à celle qui les attendoit là pour leur donner sa sanction et pour les conduire, et ils ont éloigné eux-

D

mêmes tous les secours dont ils avoient besoin pour assurer leurs pas.

Que pouvoit devenir alors le but fondamental et sacré de l'association humaine, qui n'avoit réuni les hommes que pour les ramener progressivement et par des voies douces, à ces lumières et à cette ravissante existence dont notre séjour terrestre nous enlève chaque jour jusqu'au souvenir ? Que pouvoit, dis-je, devenir le but fondamental de nos associations, pour lequel tous les individus qui les eussent composées, auroient dû sans cesse s'oublier eux-mêmes, s'ils avoient voulu seconder les plans de la Providence, à qui ces associations n'eussent été si chères, que parce qu'elle-même en étoit le terme, et que l'homme en étoit l'objet ?

Les faits ne nous répondront que trop : dans la main de l'homme ainsi dépravé, la marche de la société naturelle est devenue destructive de la nature, parce qu'il n'a cherché qu'à s'y passer de la sagesse et de la vertu ; la marche de la société civile est devenue destructive de la justice, parce qu'il n'a cherché qu'à s'y passer de l'esprit de la loi, qui est le bonheur de tous : enfin la marche de la société politique est devenue destructive de la base elle-même, ou, en un mot, de la Providence, parce qu'il n'a cherché qu'à s'y passer de ce seul principe de la force réelle et de l'efficacité de toute vraie puissance. En voyant les hommes remplir aussi peu le but respectable des diverses associations humaines, faut-il donc être étonné qu'ils soient si incertains, si aveugles, si cruels, si injustes les uns envers les autres, au lieu de jouir de ces sublimes développemens et de toutes ces félicités dont leur association auroit pu embellir leur existence ?

Cependant, mon ami, c'est dans cet état d'incertitude et de ténèbres, c'est en étant si loin de remplir ce but sacré de l'association humaine, c'est en étant encore plus loin de chercher à le connoître, que les hommes s'agitent, se disputent et se déchirent pour décider quelle est la forme et le mode que cette association doit avoir. Comment seroient-ils donc plus justes et plus clairvoyans sur ce point que sur le fonds même de l'association ? Car il est temps de te dire une vérité qui ne devra plus te paroître neuve; c'est que le gouvernement n'est que la partie extérieure du corps social, tandis que l'association considérée dans son objet et dans ses divers caractères, en est la substance : c'est que quelque forme que les peuples emploient pour leur gouvernement, le fonds de leur association doit rester le même et avoir toujours le même point de vue, celui du maintien de la société naturelle, de la société civile et de la société politique, appuyées chacune sur leurs bases qui sont la sagesse, la justice et la puissance.

Or, quand je vois les publicistes se tourmenter ainsi sur la forme de l'association, tandis qu'ils sont si peu avancés sur le fonds même, il me semble voir des hommes se disputer auprès d'un cadavre sur l'espèce et la couleur des habits qu'ils lui donneront pour le conduire à la sépulture ; ou il me semble voir des architectes vouloir bâtir une forteresse sur les flots de la mer, et se battre sur le plan qu'il conviendroit le mieux d'adopter. Publicistes ! publicistes ! quand même vous seriez parvenus à faire triompher vos fragiles opinions ; bien plus, quand même par quelque moyen que ce fût, vous seriez parvenus à établir un repos extérieur parmi les peuples, et à pourvoir à tous leurs besoins sensibles, vous auriez fait beaucoup sans doute ; mais cependant vous auriez à peine commencé l'œuvre, et sur-tout vous n'auriez pas encore décidé la question des gouvernemens.

Si ce gouvernement n'est que la forme extérieure du corps social, et si l'association, considérée dans son but moral, en est la substance et le fonds, ce seroit de la nature même de cette association que l'on devroit attendre le patron de sa forme, comme la forme d'un arbre dérive essentiellement de la nature de son germe. Il ne faudroit pas non plus être surpris de voir changer le gouvernement selon les âges et les besoins de l'association, de même que nous ne voyons point l'homme fait être vêtu de la même manière que dans son enfance.

Et sûrement une des belles études que l'esprit humain pourroit faire, seroit de parcourir avec cette boussole l'océan des siècles, et d'y observer comment dans toutes les associations humaines, naturelles, civiles et politiques, la forme du gouvernement a toujours été comme entraînée par le moral du corps social ; moral toutefois qu'il faudroit sonder plus profondément que ne l'ont fait les publicistes qui ont entrepris de creuser cette mine : car ils n'ont pas passé la couche du moral externe qui n'apprend presque rien, puisqu'il est comme réduit en poussière et de la même ténuité parmi tous les peuples.

Mais je ne pourrois marcher avec les publicistes dans cette intéressante étude, qu'autant que nous serions convenus mutuellement de nos bases, et je n'ignore pas combien celles que je leur présente auront de difficultés à obtenir leur approbation : par la même raison, je dois bien moins encore les suivre dans leurs disputes sur la meilleure forme de gouvernement, tant que les principes que j'ai exposés sur l'objet et la nature de l'association humaine, ne seront pas pesés par eux au poids du sanctuaire. Ajouter nuement comme eux une opinion à toutes celles qui sont en délibération sur cet article, sans leur donner le temps d'examiner si en effet je l'aurois posée sur un fondement inébranlable, et auquel toutes les opinions fussent forcées de se rallier, ce ne seroit que jeter une épée de plus dans le conseil, et augmenter le désordre du combat, sans rien faire pour la vérité. D'ailleurs, l'élan politique où nous nous trouvons, demande plutôt en ce moment le concours de l'impulsion et de l'énergie des citoyens, que le tribut de leurs tranquilles spéculations; et quelque vraies que fussent les miennes, elles seroient déplacées aujourd'hui si elles avoient plus d'étendue.

Aussi me bornai-je à te présenter les racines sacrées et immortelles, sur lesquelles seules je crois que, dans sa source radicale, doive reposer l'arbre social, pour que l'entendement et le cœur de l'homme puissent y trouver une pâture qui ait de la consistance; et au lieu de chercher à apporter ici le fer et le feu, je me contente de me détourner du champ des publicistes, ayant sur-tout tant de preuves que leur doctrine ne me conduiroit pas jusqu'au port.

En effet, ils ne me nourriroient point assez, quand ils m'enseigneroient, comme ils le font, que les gouvernemens se divisent en démocratique, en aristocratique et en monarchique, comme nous avons divisé l'association en trois classes, naturelle, civile et politique : que le gouvernement démocratique doit être le plus avantageux à la chose publique, quoiqu'il soit dans le cas de froisser par ses mouvemens un plus grand nombre d'individus; que le gouvernement monarchique, en favorisant quelques individus, est le plus contraire à la chose publique, parce qu'il n'y a que trop d'exemples qu'il concentre toute la nation dans le Monarque et ses créatures, et qu'il laisse comme dans une apathique paralysie tous les autres individus; que le gouvernement aristocratique réunit plus ou moins de ces avantages et de ces inconvéniens, selon qu'il est plus ou moins près du monarchisme, ou de l'état démocratique.

Ils ne me nourriroient point assez, quand ils me diroient que le vrai caractère de la démocratie est l'action de tous les membres de la République, contribuant de leur personne au bien de la chose commune; que le caractère de l'aristocratie est que les administrateurs dominent moins par l'autorité, que par les conseils et par la justice, en faisant observer la loi, puisqu'ils sont censés ne pas faire eux-mêmes cette loi, et n'être appelés qu'à la maintenir; que le caractère du monarchisme est de peser avec violence sur la nation, pour lui imprimer le mouvement et la terreur, et d'y régner plus par l'autorité que par la loi, ce qui donne tant d'attraits aux hommes ambitieux pour ce poste, où ils trouvent si doux d'avoir à gouverner les autres hommes, et d'être dispensés de se gouverner eux-mêmes.

Ils ne me nourriroient point même assez, quand exerçant leur éloquence à me peindre les gouvernemens tels qu'ils sont, au lieu de me les peindre tels qu'ils devroient être, ils me montreroient combien le corps social devient souffrant, à mesure que l'autorité humaine élève son joug sur lui; comment le bonheur de l'homme et l'autorité humaine forment deux progressions qui se croisent et marchent en sens inverse; et comment il arrive par ce lamentable renversement, que l'association ne touche à l'extrême de l'infortune, que quand elle touche à l'extrême de la sujétion, et réciproquement ne touche à l'extrême de la sujétion, que quand elle touche à l'extrême de l'infortune.

Pourquoi ne me nourriroient-ils point assez en me peignant toutes ces vérités, dont les unes sont si médiocrement instructives, et les autres si affligeantes? C'est qu'ils ne veulent point des autres vérités qui seroient plus substantielles et plus consolantes, et qui pourroient seules remédier à tout et répondre à toutes les questions; c'est qu'ils ne me parlent là que de démocraties humaines, que de monarchies humaines, que d'aristocraties humaines, et qu'en ne sortant point de ce qui est humain, ils ne font que promener l'homme d'abîmes en abîmes; c'est qu'avec un être tel que l'homme, qui seul a l'idée du malheur sur la terre, il vaut mieux cent fois, si ses maux sont incurables, les lui cacher, que de lui en révéler la connoissance. N'est-ce pas assez pour lui que de souffrir, et faut-il ajouter le désespoir à ses douleurs? Que dirois-tu d'un chirurgien qui viendroit scarifier tous tes membres, pour t'en découvrir la gangrène; et qui ensuite, au lieu d'insinuer des sucs régénérateurs dans tes vaisseaux, te laisseroit là pour aller faire de beaux traités sur la manière de rendre la peau unie et lisse.

Voilà cependant ce qu'ont fait les publicistes de tous les pays; ils se sont attachés à mettre à découvert nos plaies sociales, et ensuite, au lieu d'injecter la vie jusques dans les racines de l'association humaine, comme je tâche d'y contribuer, par les principes vivans que je t'expose, ils ont arrêté leurs regards sur l'épiderme du malade.

Ils n'ont pas même vu qu'il se trouve dans tous les corps politiques, une combinaison secrète des élémens des trois sortes de gouvernement, comme nous en avons annoncé une évidente des élémens des trois sortes d'associations humaines. La raison de cette combinaison se feroit cependant assez sentir, si l'on réfléchissoit que par-tout où il y a des hommes associés, (et non pas des hordes éparses et abâtardies, qui n'entrent point en exemple, comme n'offrant en corps, ni les vertus de la société naturelle, ni les lumières de la société civile, ni la force de la société politique); que par tout, dis-je, où il y a des hommes associés en corps de peuple, il faut agir, délibérer et commander; que réellement on y agit, on y délibère et on y commande, n'importe sous quel mode ni sous quelle dénomination, et que ce sont là les trois caractères qui distinguent les trois formes de gouvernement.

Sans doute ce mélange ajoute encore aux difficultés qu'éprouvent les publicistes dans leurs recherches; ils veulent diviser ce qui est lié, ils voudroient atteindre à une forme de gouvernement qui fût complètement isolée et sans quelque combinaison des deux autres, tandis que le plus sévère examen les montrera toujours ensemble, quoiqu'elles soient par-tout chacune alternativement dominantes : or, pendant qu'ils s'épuisent ainsi en des recherches infructueuses sur l'objet secondaire de l'association, et qui n'est que l'enveloppe conservatrice du fruit, ils perdent de vue l'objet primordial et essentiel qui est la culture des domaines de l'éternelle justice, et l'amélioration du corps social, et ils impriment ce mouvement désordonné à tous les individus qui le composent.

La Providence, au contraire, qui est sans passion comme sans ignorance, n'attache pas tant d'importance à cette enveloppe qu'au perfectionnement et au bonheur moral de l'association, parce qu'elle ne perd point son objet de vue, et qu'elle sait que c'est par ce perfectionnement que son œuvre peut avancer.

Aussi lorsque, selon Samuël, les Hébreux voulurent abandonner leur gouvernement populaire pour le gouvernement monarchique, elle commença par leur faire représenter tous les désavantages que leur mauvais choix alloit entraîner avec lui, et elle finit par leur donner un Roi, quand elle les vit persister dans leur dessein ; mais elle n'oublia pas pour cela le but sacré de l'association. Elle leur recommanda de suivre les loix qu'elle n'avoit cessé de leur enseigner, et leur promit que s'ils ne négligeoient pas toutes les faveurs dont elle les avoit comblés, ils seroient préservés eux et leur Roi ; toutes choses qu'elle leur avoit annoncées d'avance sous Moïse, 17.e chap. du Deutéronome.

Aussi lorsqu'elle les exhortoit, par son prophète Samuel, à conserver leur gouvernement populaire, c'étoit pour les rapprocher d'elle ; c'étoit pour établir sur eux son propre règne sans l'intermède d'un Monarque, et non pas pour les livrer à eux-mêmes et les faire descendre à tous les désordres d'un simple gouvernement populaire humain, comme tant de gens l'ont induit si légèrement, d'après la citation de ce fameux passage de Samuel, que Jean-Jacques a faite dans un des plus heureux mouvemens qu'il ait éprouvé ; méprise toutefois qui n'auroit pas eu lieu, si ce grand écrivain avoit dit un mot de plus, ou si ses lecteurs avoient eu une distraction de moins.

Car, lorsqu'antérieurement au règne des Rois, les Hébreux s'éloignoient de Dieu, pour se livrer à tous les désordres du gouvernement populaire humain, et que par là ils devenoient la proie de leurs ennemis, c'étoit pour les arracher à ces désordres et aux maux qui en étoient les suites; c'étoit, dis-je, pour les rapprocher d'elle que la Providence leur donnoit des juges qui formoient une sorte d'aristocratie spirituelle, et qui avoient pour objet de leur rappeler les loix de la sagesse et les ordonnances de la vérité.

Ainsi Rousseau, digne d'éloges à tant d'égards, et dont la plupart des écrits devroient être le manuel des hommes de bien, n'a recueilli tant de suffrages sur la question dont il s'agit, que parce qu'on a pris précisément le contre-pied de son idée. Il eût peut-être été honni s'il eût exposé plus complétement ses sublimes principes, tant on nous a rendus défians sur tout ce qui concerne le règne de la Providence. Et sûrement si l'espoir de parvenir aux mêmes honneurs que lui m'avoit fait prendre la plume, et me montrer comme je le fais en ce moment, il y a toute apparence que j'aurois fait un faux calcul.

Je n'en publierai pas moins qu'aux yeux de cette Providence, l'objet premier est la culture de ses éternels domaines producteurs de la vérité et de la justice; que le salaire des cultivateurs seroit le bonheur de l'association humaine, fondé exclusivement sur sa divine et directe surveillance; que la forme des gouvernemens n'est que l'objet secondaire; que quelle que soit la forme de ces gouvernemens, la Providence ne peut les faire prospérer qu'autant qu'ils sont vivifiés par sa sagesse et son invariable raison. En un mot, (ne t'effraye pas de ce que tu vas lire) qu'autant qu'ils ont véritablement l'esprit théocratique, non pas théocratique humain, pour ne pas dire théocratique infernal, comme cela est arrivé universellement sur la terre, mais théocratique divin, spirituel et naturel, c'est-à-dire, reposant sur les loix de l'immuable vérité et sur les droits de ce fatalisme sacré qui unit Dieu et l'homme par une alliance indissoluble, dans quelque situation qu'il se trouve.

Car il faut dire ici de la sublimité de ces gouvernemens, ce que nous avons dit de la sublimité de l'association humaine; savoir, que pour atteindre au but de ces gouvernemens théocratiques divins, spirituels et naturels, il faudroit en suivre les loix dans le sens direct et non pas dans le sens inverse ; d'autant que plus le degré s'élève dans cet ordre de choses, plus il en résulte d'abominations s'il n'est pas pur : il faudroit enfin que, quelle que fût la forme des gouvernemens, les gouverneurs reconnussent en *effectivité* la raison suprême pour leur chef et pour leur guide, puisque c'est à elle seule qu'appartient en *effectivité* l'universelle domination, et sous ce rapport il suffiroit peut-être de s'occuper du perfectionnement des gouverneurs au lieu de celui des gouvernemens : car celui-ci dériveroit naturellement de l'autre, et le tout pour le plus grand bien de l'association, qui, dans le vrai, devroit être une avec le gouvernement, et être aussi intimement liée avec lui, que les corps de la matière le sont avec leur enveloppe.

Voyons donc en grand, mon ami, et dans leur intégrité fondamentale, tous ces objets qui se trouvent si rétrécis et si altérés en passant par la main des hommes. Dieu est le seul monarque et le seul souverain des êtres, et comme je te l'ai déja dit ci-dessus, il veut être le seul qui règne sur les peuples, dans toutes les associations et dans tous les gouvernemens. Les hommes qui se trouvent à la tête des Nations ou des administrations, ne devroient être que ses représentans, ou, si l'on veut, ses commissaires ; et tu as vu comment cette idée étoit en eux comme en moi, par la confiance qu'ils ont en leur autorité, et par les soins qu'ils prennent pour la montrer, comme émanant de la justice même. Or, comme ces représentans de la Providence, ou ces commissaires divins, quoique égaux par nature aux autres hommes, seroient distincts et supérieurs, par leurs dons et par leurs lumières, au reste de la Nation, il ne seroit pas difficile de voir là, d'où les hommes qui abusent de tout, ont tiré leurs monarchies humaines et leurs aristocraties terrestres, et d'où dérive ce respect, ou réel, ou factice, que chacun a communément pour les autorités qui le gouvernent.

Enfin les Nations recevant par l'organe de ces représentans, les lumières et les appuis dont elles auroient besoin pour le maintien de leur état social et pour l'avancement de l'œuvre, elles en feroient usage selon leur sagesse, et nous montreroient là effectivement le véritable objet du gouvernement démocratique, à qui appartient la théocratie naturelle.

N'espérons pas trouver ailleurs que là les lumières qui nous sont nécessaires pour nous éclairer sur les objets politiques, et sur tout ce qui a rapport à l'association humaine, sous quelque forme qu'elle se présente.

On nous a dit que le peuple étoit souverain ; je me

fais gloire de le penser et d'en convenir hautement ; mais si l'existence de l'homme n'a qu'un seul objet, celui de la culture des éternels domaines de la vérité, le peuple ne peut être souverain que pour ce même but et dans le même sens où nous avons entrevu que l'homme eût dû autrefois être propriétaire : ainsi, tout en reconnoissant les peuples souverains de droit, selon le plan original, nous ne pouvons nous empêcher de dire que dans le fait ils ne sont pas moins descendus que l'homme au-dessous de leur destination primitive. Sans doute qu'en vertu des bases indélébiles innées et conservées en eux comme dans l'homme, ils ont le pouvoir de sentir leur privation, et le droit incontestable de chercher à en sortir ; mais c'est à peu près là tous les avantages dont ils jouissent, et il leur manque la clarté nécessaire pour donner à ces droits une marche sûre, et pour en retirer toujours des résultats vraiment profitables.

Aussi cette souveraineté se réduit-elle réellement, pour les peuples, à éprouver le sentiment de toutes leurs misères, à jeter les yeux sur ceux d'entr'eux qu'ils croient les moins incapables de leur servir de libérateurs, à les présenter par leurs votes ou par leurs désirs, à la bienfaisante et clairvoyante justice, et à attendre que les personnes choisies par eux, obtiennent accès jusqu'à son trône, et leur en rapportent les trésors dont ils ont un besoin indispensable pour recouvrer et manifester glorieusement leurs privilèges.

Sans cela, les peuples et ceux qui se chargeroient de les conduire, seroient comparables à des ballons lancés dans l'immensité de l'espace, livrés aux caprices des vents sans aucun point de résistance, sur lequel le gouvernail pût effectuer une direction, sans base et sans horizon pour faire l'estime de leur route, et sans moyens de prévoir ni de prévenir les catastrophes et les naufrages qui les menaceroient à tous momens; d'où il faudra conclure que si, comme nous l'avons reconnu ci-dessus, la principale propriété actuelle de l'homme est son indigence, il est également vrai qu'aujourd'hui le premier degré de la souveraineté des peuples, c'est leur impuissance et leur servitude.

Ne doutons donc plus, quelque grand que soit ce titre de Souverain qui peut encore leur appartenir légitimement, que les conditions qu'il exige ne le soient infiniment davantage; car ce n'est point assez ici de parler de la justice, de la sagesse et de la fidélité à la loi, qui ne sont pour les peuples que les vertus de pratique, avec lesquelles ils doivent user de leurs droits pour en mériter la conservation, mais qui ne sont point suffisantes pour les leur donner.

Je t'ai montré précédemment les Nations comme servant tantôt d'organes aux faveurs de la Providence, et tantôt d'organes aux décrets de sa justice : je t'ai parlé aussi de cette espèce de sanction que tous les législateurs et tous les ministres des peuples étoient censés attendre pour légitimer leurs arrêts et toutes les fonctions de leurs emplois; quelque peu de crédit qu'obtienne ce que je vais avancer, voilà la source de la véritable souveraineté des peuples. Ainsi, disons donc hautement ce qui n'a peut-être encore été jamais entendu des hommes : quand est-ce que les peuples sont souverains dans toute l'étendue que ce terme comporte, et qui seul doit les rendre si respectables ? c'est quand ils sont mis à l'œuvre pour l'accomplissement des décrets de la Providence;

c'est quand ils ont reçu à cet effet leur sanction ; c'est quand ils sont élevés par là jusqu'à une puissance qui soit au-dessus d'eux et qui les lie non plus à l'empire de leur volonté, mais à l'empire de la sienne comme étant plus fixe et plus clairvoyante que la leur ; sans quoi cette imposante sanction, ce mot sacré devant lequel l'univers devroit se prosterner, ne devient plus qu'un mot sans valeur et qui ne laisse dans l'esprit aucune idée.

Car il ne s'agit plus de me donner pour la sanction des peuples cette adhésion mutuelle, ce commerce de volontés que les individus sont censés faire entr'eux, d'après les spéculations des publicistes qui n'ont jamais su trouver d'autres élémens pour former les matériaux du contrat d'association, d'où doivent dériver ensuite tous les actes civils et politiques de la société ; je ne vois là qu'un commerce d'égal à égal, qui peut cesser à la volonté des parties, qui n'a par conséquent qu'une existence précaire, et qui ne peut m'offrir que des puissances conventionnelles et des sanctions figuratives.

Je ne vois pas même comment il en pourroit jamais sortir une loi obligatoire sur l'utilité et les fruits de laquelle on pût compter, puisque toute loi doit porter sa mulcte avec soi-même, et que dans tous les individus qui seroient censés avoir fait le contrat, s'il en est beaucoup qui veuillent de la loi, il y en a sûrement fort peu qui veuillent de la mulcte pour leur propre compte ; de façon que par cela seul la loi seroit illusoire et s'anéantiroit en naissant, sans compter tous ceux qui par adresse, ou par tout autre moyen, sauront éviter cette mulcte qui dans l'ordre vrai doit être inhérente à la loi. D'ailleurs, je vois que le dernier terme où sache s'étendre la mulcte de la loi des hommes, c'est de tuer, punition qui n'effraye que l'homme de matière, et amende rarement l'homme moral. Elle m'en imposeroit davantage cette loi, si au lieu de tuer, elle savoit ressusciter, et environner les coupables de la lumière de leurs crimes.

Laissons donc de côté ces fausses images de la vérité, si nous voulons arriver jusqu'à la vérité elle-même : ouvrons à la fois nos yeux, nos cœurs et nos esprits à cette sanction sacrée qui seule peut satisfaire à toutes les questions et à tous les instincts de notre être, parce qu'elle seule peut rendre les peuples véritablement souverains, en les revêtant d'un pouvoir qui réunisse en eux la force virtuelle avec une réelle autorité, et qui assure ainsi l'accomplissement de leur mission ; enfin, parce qu'elle seule peut apporter la justice sur la terre, et qu'étant nés dans la justice, nous aimons à nous nourrir de cet aliment, comme l'enfant aime à se nourrir de la substance de celle qui lui a donné le jour.

Quoique nous soyons si éloignés de ces hautes vérités, mon ami, ne soyons pas assez insensés que de vouloir pour cela leur contester leur existence. Jetons nos regards sur ce globe que nous habitons ; nous y verrons que dans les divers climats, les productions qui leur sont propres sont obligées d'attendre, en quelque façon, la sanction des saisons et des températures de l'atmosphère, pour exercer les fonctions qu'elles ont à remplir sur la scène des choses passagères; nous y verrons que la nature qui est la Providence des êtres physiques, les tient comme tels dans sa dépendance, et que comme une souveraine, elle les appelle chacun à leur rang du haut

de

de son trône, et les charge d'exécuter ses décrets. Comment donc dans l'ordre supérieur d'où nous tirons notre origine, n'y auroit-il pas une Providence analogue, et qui fût la nature de cette région-là, comme la nature physique est la Providence de la terre ; et par conséquent, dont la sanction fût encore plus indispensable aux hommes et aux peuples, pour qu'ils pussent travailler légitimement et efficacement à l'accomplissement de ses desseins, puisqu'ils peuvent s'égarer dans leurs mouvemens, et que l'ordre physique ne peut pas s'égarer dans les siens ?

Répétons-le donc sans crainte, voilà la source exclusive et nécessaire d'où découle la véritable souveraineté des peuples ; souveraineté qui dès-lors n'est plus arbitraire et fragile, qui s'appuie sur une base vive, et qui place les Nations sous la dépendance des choses, comme disent les publicistes, et non pas sous la dépendance de l'homme ; parce que, s'il arrive que des peuples soient appelés à l'œuvre, et sanctionnés de cette manière, il doit alors reposer sur eux une puissance appropriée au plan de la main qui les a choisis, et dont ils ne sont plus que les organes ; et ainsi cette puissance ne se calcule plus selon la sagesse des conseils de l'homme, et selon la force des peuples et la grandeur de leurs armées ; parce qu'étant liée à l'ordre vif, il ne seroit pas étonnant que par cette union, elle eût le droit d'étendre à son gré la perspicacité des chefs des peuples choisis, de même que l'ardeur et le courage de leurs guerriers, de laisser naître dans l'esprit des uns et des autres des découvertes et des inventions inattendues, et qu'on les vît par là opposer, d'un côté, une résistance à l'épreuve de tous les ob-

E

tacles, et de l'autre, imprimer une foiblesse à l'épreuve de tous les moyens.

Pour ceux qui n'auront pas laissé resserrer leur esprit dans les bornes étroites du naturalisme, ce seroit là probablement la clef cachée de tant d'événemens si fameux dans le monde, du renversement comme de la gloire de tant d'Empires, de défaites comme de victoires si surprenantes, enfin de tant de phénomènes de l'histoire des Nations, dont les spéculateurs ne nous donnent que des solutions secondaires, en les expliquant par les lumières et les talens des triomphateurs, de même que par les fautes et les impéritiés de la part des partis vaincus, tandis que ces fautes et ces impéritiés sont, aussi bien que ces talens et ces lumières, au nombre des moyens ostensibles, dont cette puissance se sert pour arriver secrètement à son but, et pour rendre les peuples choisis participans de sa souveraineté.

Si des peuples ne secondoient pas leur élection à cette véritable souveraineté, ou s'ils vouloient arrêter celle d'un autre peuple, ils pourroient malheureusement pour eux aller non-seulement jusqu'à perdre leur première sanction, mais encore jusqu'à la voir remplacer par une sanction opposée, qui les abuseroit et qui les conduiroit à leur ruine. Car il doit y avoir plusieurs espèces de sanctions, s'il est vrai qu'il y ait plusieurs espèces de puissances. Nouveau terrain à parcourir dans le champ de l'histoire des peuples, et qui ne laisseroit pas de rendre aussi beaucoup à l'observateur attentif, sur-tout s'il s'élevoit assez pour voir que l'histoire des Nations est une sorte de tissu vivant et mobile, où se tamise, sans interruption, l'irréfragable et éternelle justice.

Enfin, si sans atteindre à ces degrés, les peuples prétendoient au titre de la souveraineté, tandis qu'ils ne porteroient leurs vues et leur puissance que sur la forme extérieure de l'association, et sur les détails matériels et inférieurs de l'Etat, il ne faudroit pas le leur contester pour cela, parce qu'ils seroient en effet souverains dans cette classe, et qu'ils y trouveroient encore une sanction analogue à leur objet : mais il faudroit leur faire observer qu'ils auroient tort de mettre au même rang cette sorte de souveraineté si inférieure, et celles qui tiennent en grand aux vastes plans de la Providence, puisque cette souveraineté qui ne seroit que celle de la volonté de l'homme, seroit exposée chaque jour à être entraînée par des souverainetés plus imposantes, avec tout ce qui lui auroit servi de base, et tous les fruits passagers qu'elle en auroit retirés.

Au reste, ces profondes instructions s'adresseroient plutôt aux chefs des Nations, qu'aux Nations elles-mêmes ; parce que, comme je te l'ai déja dit, les chefs devroient être les principaux représentans de la Providence, et les premiers organes de l'exécution de ses plans. Ils ne font sans doute qu'un corps avec les peuples qu'ils gouvernent ou qu'ils président ; mais ils sont comme les avant-postes de l'armée ; ce sont eux que regardent les premiers périls comme les premiers triomphes, et c'est de leur manière de se comporter que peut dépendre quelquefois la prospérité ou la ruine de l'armée.

Mais de cette même cause dépend encore plus leur propre prospérité, ou leur propre ruine : aussi, combien de fois n'a-t-on pas vu des peuples conservés, tandis que ceux qui les gouvernoient étoient précipités comme indignes de leur rang ! Combien de fois pendant la durée d'un même peuple, n'a-t-on pas vu la forme de son gouvernement changer, ses dynasties se renouveller, et ses chefs et ses administrateurs être remplacés successivement par d'autres chefs et d'autres administrateurs qui retomboient à leur tour dans l'opprobre et dans la poussière !

La raison de ces faits est bien simple ; c'est que les peuples sont encore plus chers aux yeux de la Providence, que ne peuvent l'être des chefs particuliers et des dynasties d'individus, parce que, comme peuples, ils sont plus propres à avancer ses desseins qui sont tous en faveur des peuples. C'est qu'enfin les peuples qui ne font qu'opérer la puissance, sont moins sujets à se corrompre que les chefs qui sont chargés de la diriger. Aussi on peut bien voir des peuples s'égarer, (moins toutefois par eux-mêmes, que par l'exemple et l'insinuation) mais on les voit rarement prévariquer en masse : au lieu que par toute la terre on n'a cessé de voir leurs chefs prévariquer encore plus que s'égarer. Que doit-ce donc être lorsqu'on les voit chercher à entraîner avec eux, dans leur propre perte, les peuples qui leur sont confiés ?

On ne pourroit donc trop répéter à ces chefs de ne plus nous séduire avec ces noms imposans de souverains ou de représentans dont il est si facile d'abuser. La vraie sanction dont je t'ai fait remarquer plus haut qu'ils nous offroient par-tout la figure, est la seule qui puisse assurer à-la-fois et leurs droits et notre bonheur ; car, s'il y a plusieurs espèces de puissances et plusieurs espèces de sanctions, il peut aussi y avoir plusieurs espèces de représentans. Oui, s'il est certain que l'homme peut être le représentant de la vérité et de la justice, il peut être aussi le représentant du mensonge, le représentant de la cupidité, le représentant de l'orgueil, le représentant de la tyrannie, enfin, le représentant de l'iniquité et des ténèbres, parce que toutes ces diverses puissances sont toujours prêtes à lui donner leur sanction ; et c'est parce que toutes ces sortes de souverainetés à-la-fois sont avides d'avoir chacune ici-bas leurs représentans, que l'on voit tant d'oppositions, de trouble et de confusion sur la terre.

Or, si les peuples eux-mêmes ne sont véritablement souverains dans l'ordre supérieur, qu'autant qu'ils sont les organes de la souveraineté suprême qui fait descendre sur eux sa sanction ; à plus forte raison les chefs et les représentans de ces peuples nous tromperoient-ils s'ils prétendoient usurper cette suprême souveraineté, et substituer à ses irrévocables décrets une sanction qui ne fût pas la sienne. S'il n'y a pas deux justices, avant de prétendre apporter la véritable justice sur la terre, il faut l'avoir cueillie dans ses propres domaines ; et là il n'y a plus qu'un seul et unique Souverain devant qui l'homme, les Nations et leurs chefs doivent attendre respectueusement la portion de ses droits qu'il lui plaira de leur distribuer sous la plus stricte responsabilité.

Comment l'homme, les peuples et leurs chefs se plaindroient-ils de se voir ainsi partagés ? N'est-ce pas assez pour eux de pouvoir être les administrateurs de l'éternelle justice, les cultivateurs de ses vivans et fertiles domaines, enfin d'être sur la terre, par leurs vertus, leur zèle et leur droiture, les représentans de l'unique souverain des êtres ?

D'ailleurs l'impuissance de l'homme en fait de souvezaineté, hors de sa sphère inférieure et rétrécie, est prouvée par le fait et d'une manière irrévocable.

Par une cause que la philosophie rejette, parce qu'elle juge beaucoup plus qu'elle n'examine, mais qui n'est pour la raison simple que cette évidente dégradation de l'homme, que la nature entière prononce à tous les instans de sa durée, il n'est resté à notre disposition que deux de nos facultés, *la volonté* et *l'action*. C'est pourquoi l'on ne voit réellement que deux pouvoirs parmi les hommes, celui de l'administration et celui de l'exécution. Celui de la pensée fixe ou de la législation éclairée et invariable ne s'y trouve pas, et est le seul qui ne soit point descendu avec nous : il est demeuré dans les mains du véritable souverain qui s'est réservé par-là le moyen de nous faire sentir quels étoient nos droits primitifs, et quel est le prix de ce qui nous manque; et Voltaire n'a jamais été si vrai que quand il a dit dans ses Questions sur l'Encyclopédie, au mot *idée*, « que la pensée n'étoit point à nous »; car si la pensée n'est point à nous, et que cependant nous ayons tous des pensées, il faut bien qu'elles nous viennent de quelque part. Aussi les maîtres des Nations ne sont-ils qu'une caricature de la vérité, puisque la pensée n'étant point à eux, ils veulent cependant être à nos yeux comme s'ils en possédoient la source même. Aussi le mot souverain dans cet ordre radical, est-il un être de raison dès qu'on veut l'appliquer à un homme : aussi l'homme qui se donneroit pour législateur dans l'ordre supérieur dont je parle, seroit-il un être qui prendroit sa volonté pour sa pensée, et qui s'attribueroit une pensée qui ne lui appartiendroit pas.

En effet, quand les hommes sont réduits à eux-mêmes,

on les trouve toujours en-deçà ou au-delà de la loi qu'ils établissent et qu'ils créent, parce que n'étant que des êtres d'administration et d'action, ils ne se trouvent plus en mesure quand il s'agit de législation, c'est-à-dire, quand il faut mettre en jeu la pensée ; parce que cette pensée qui en eux est ou obscure ou nulle, reste là, tandis que leur action procède toujours, soit en bien, soit en mal, mais communément plus en mal qu'en bien.

Et dans le vrai, que l'on compare la marche des Souverains purement humains, avec leurs codes de loix, on ne les trouvera presque jamais les uns auprès des autres; on ne leur verra produire, soit lorsqu'ils démolissent, soit lorsqu'ils bâtissent, que des œuvres figuratives et qui sont toujours des œuvres à recommencer; parce que leur force exécutrice ne procédant point de la loi, on ne trouvera là que des enfans sans mères et des mères sans enfans; au lieu que dans l'ordre supérieur, la loi et l'action sont toujours unies, parce que la loi y procède continuellement de la pensée, et que l'action y procède continuellement de la loi.

Mais quoique la loi et l'autorité prises dans l'ordre supérieur, n'appartiennent qu'au seul et unique souverain suprême, puisqu'elles sont l'une et l'autre l'expression de son éternelle raison et de son immuable sagesse, il n'en est pas moins vrai que les loix des peuples et les puissances humaines elles-mêmes, toutes défectueuses qu'elles puissent nous paroître, méritent toujours notre respect et notre soumission, quand elles ne violent pas évidemment les droits de l'homme, parce que quand elles ne sont qu'informes à nos yeux, nous ne pouvons prononcer qu'elles ne soient pas secrètement liées à la loi d'en haut qui embrasse tout dans l'immensité de ses vues, qui fait mouvoir chaque ressort de son œuvre selon ses plans, et qui répand alternativement et quand il le faut, sur les Nations, les ténèbres et la lumière.

Quand ces puissances humaines violent évidemment les droits de l'homme, et que par leurs extravagantes fureurs elles se changent en puissances animales et brutes, il n'y a plus alors aucune moralité ni divine ni politique qui interdise à l'homme de les repousser. Lorsque par une autorité, quelque légitime qu'elle soit, un homme est jeté dans l'arène et livré aux bêtes, on ne peut pas lui faire une loi de se laisser paisiblement déchirer par leurs dents meurtrières et de ne se pas défendre s'il le peut. Or ce droit de l'homme ne change point lorsque ces puissances humaines descendent elles-mêmes dans l'arène, et se transforment en animaux féroces pour le dévorer.

Je termine ici, mon ami, le petit nombre d'observations politiques que je t'ai annoncées; et pour me résumer en peu de mots: l'intelligence de la loi supérieure et divine et le pouvoir qu'a l'homme de l'administrer quand il est pur, voilà les droits sublimes de l'homme sur la terre; voilà quels doivent être l'esprit et l'œuvre des gouvernemens : l'ordre et le bonheur des associations humaines, fondés sur la culture et l'extension du règne de la justice et de la vérité; voilà le fruit qui doit résulter de tous ces germes; et sans que je creuse plus profondément aujourd'hui ces matières, je crois t'avoir offert dans ces courtes réflexions, les bases les plus régulières qui aient été posées jusqu'à-présent à l'édifice de la législation et de la politique.

Ce n'est pas quelle n'ait toujours été près de nous la clef de toutes ces notions naturelles, morales, politiques et philosophiques que tu viens de parcourir, et qui ne me semblent pas aisées à renverser. En effet, cette clef embrasse tous les mondes par son universelle et pénétrante activité; cette clef est double sans cesser d'être une, comme la médiane musicale a la propriété d'être majeure et mineure, sans cesser d'être centre, c'est-à-dire, qu'elle est à la fois le principe et l'homme, sans cesser d'être un seul être, et sans que pour cela l'homme soit le principe, comme dans la médiane musicale, la majeure contient la mineure, mais la mineure ne contient pas la majeure. Cette clef n'opère point qu'elle ne parle, et elle ne parle point qu'elle n'opère; elle ne fait pas un mouvement, qu'elle n'ouvre et ne ferme à triple tour, parce qu'elle est la racine de tout ce qui est, le foyer conservateur de tout ce qui peut être, et la barrière de tout ce qui n'est pas : c'est pourquoi elle renferme les sources de la véritable souveraineté et des véritables lumières; et comme telle, elle est seule le lieu de repos de l'esprit de l'homme, ainsi qu'elle est seule le lieu de repos de son cœur : mais si tu me demandois de te la désigner par un nom, je ne te répondrois que par le silence, m'étant expliqué assez clairement pour que tu m'entendes.

Je rentre donc avec toi dans nos simples spéculations, et je te ramène à ce que je t'ai dit au commencement de cet écrit, que les mouvemens politiques dans lesquels nous nous agitons, ne me paroissoient être aux yeux de Dieu que des voies par lesquelles il nous prépare à des félicités plus grandes que nous ne le pensons. Car la marche imposante de notre majestueuse révolution, et les faits éclatans qui la signalent à chaque instant, ne permettent qu'aux insensés ou aux hommes de mauvaise foi de n'y pas voir écrite en traits de feu l'exécution d'un décret formel de la Providence : l'on peut dire même que l'œuvre est comme faite de sa part, quoiqu'elle ne le soit pas entièrement encore de la nôtre. Sa main, comme celle d'un chirurgien habile, a extirpé le corps étranger, et nous éprouvons toutes les suites inévitables d'une douloureuse opération, et les maux attachés aux pansemens de la plaie ; mais nous devons supporter avec patience et avec courage ces douleurs, puisqu'il n'en est aucune qui ne nous avance vers la santé.

Je me rappelle aussi avoir comparé quelquefois l'état politique des hommes sur la terre, à un édifice composé d'un souterrain, d'un rez-de-chaussée et d'un premier étage. J'ai vu que les Gouvernemens humains, soit sacerdotaux, soit séculiers, sous quelque forme qu'ils fussent, avoient précipité presque tous les peuples dans le souterrain. Or les Français, par l'effet naturel de leur révolution, sont sortis de ce souterrain et sont montés au rez-de-chaussée : mais tant qu'ils n'auront pas monté jusqu'au premier, ils n'auront pas entièrement consolidé leur œuvre ; et je présume que c'est à cet étage-là que la Providence a le dessein de les amener, afin qu'ils soient préservés, non-seulement des ténèbres du souterrain, où l'on ne voit rien du tout, mais aussi des bornes étroites du rez-de-chaussée, d'où l'on ne voit que ce qui est près de la maison, tandis que de l'étage supérieur on distingue un plus grand espace, et on est plus dans le cas de surveiller l'ennemi.

La Providence laisse aux Français, comme aux autres peuples, le soin de tous ces traitemens secondaires, de toutes ces législations inférieures qui ont rapport à leurs finances, à leur police, à leurs administrations, toutes choses qui, quoiqu'utiles et nécessaires, ne sont que la surface de l'œuvre, et qu'on pourroit regarder pour ainsi dire comme n'étant que les affaires du ménage : elle leur laisse, dis-je, ces sortes de soins, parce que lorsqu'ils commettent des mal-adresses dans cet ordre de choses, leur simple raison naturelle leur suffit pour s'en appercevoir et pour se redresser s'ils le veulent ; et il n'y a que les crimes qu'elle évoque directement à son tribunal; mais elle se réserve, au milieu de toutes ces occupations externes, de les amener à leur insu à la connoissance des plans de sa sagesse et de leur en faire parvenir les fruits, car elle peut attendre de l'ame de l'homme d'autres œuvres et d'autres résultats que ceux qui ne concernent que l'écorce de leur être. Et véritablement ce seroit une contradiction insoluble dans l'auteur des choses, d'avoir créé l'homme avec de si vastes et de si sublimes facultés, pour qu'il les concentrât exclusivement dans des objets où elles ne peuvent trouver ni leur repos ni leur pâture, et c'est la propre nature de l'homme, qui dans ses stériles occupations le placent, malgré lui, au-dessus de lui-même.

En effet, si d'après tout ce qui vient d'être exposé, toutes les associations de l'homme, pour être conformes à leur objet, peuvent prétendre à la sublimité de la théocratie divine, spirituelle et naturelle, quelle que soit la forme de leur gouvernement, il est donc certain que les facultés de l'homme sont bien supérieures à ces objets précaires que nous venons d'appeler les affaires du ménage, et qui en dernière instance se réduisent, chez tous les peuples, à donner aux contributions publiques un autre mode, aux marques dignitaires et aux vêtemens distinctifs une autre forme, aux autorités et aux administrations un autre nom. Tous les sens de la raison ne se révolteroient-ils pas de voir qu'il fallût massacrer des millions d'hommes et bouleverser le monde, pour prononcer sur de pareilles différences, et finir par tourner toujours dans un cercle de résultats aussi peu substantiels et aussi étroits?

Non, l'énigme des choses humaines doit avoir un mot plus important et plus significatif. Or, ce mot, je crois le voir écrit dans la sublime nature de l'homme, et dans le désir que doit avoir sans cesse la Providence de le rapprocher de plus en plus de son véritable emploi. Tout en laissant les hommes administrer les choses d'en-bas, elle voudroit aussi leur rendre le goût de l'administration des choses d'en-haut, puisqu'elle sait qu'ils ont tous les moyens pour cela, et que ces moyens seroient toujours prêts à se développer, si ces hommes insensés et méchans ne s'y opposoient pas eux-mêmes, et ne nous montroient pas si souvent le doigt de l'homme à côté du doigt de Dieu.

Je te le répète donc ici solemnellement; je crois voir dans notre étonnante révolution un dessein marqué de la Providence de nous faire recouvrer à nous, et successivement à bien d'autres peuples (quoique je ne sache pas par quel moyen) le véritable usage de nos facultés, et de dévoiler aux Nations ce but sublime qui intéresse la société humaine toute entière, et embrasse l'homme sous tous les rapports. Aussi l'œil philosophique goûte un secret plaisir de voir notre gouvernement faire tourner comme de lui-même l'institution nationale du côté des mœurs, sans lesquelles il n'y a point de société naturelle; la loi vers l'égalité et la justice universelle, sans lesquelles il n'y a point de société civile; la raison vers un Être-suprême dont le cœur de l'homme est reconnu publiquement pour être le vrai temple ; parce que sans cet Être-suprême, il n'y auroit point d'association naturelle, civile ou politique qui fût solide, puisqu'il n'y auroit point de sagesse, point de justice, et point de puissance.

Ce ne seroit donc point un tableau imaginaire que celui qu'on pourroit faire dès-à-présent du bonheur que nous devons nous promettre de notre révolution, lorsque la main de la Providence l'aura conduite entièrement à son terme : époque toutefois que l'œil de l'homme ne peut pas calculer, parce que cette même Providence aime à marcher dans des voies cachées, et à ne montrer ses secrets que sous des nuages, pour ménager le foible qui pourroit être ébloui de leur splendeur, pour les dérober à l'impie qui les profaneroit, et pour maintenir le juste même en surveillance et le préserver de l'engourdissement : car n'oublions pas que la qualité première de l'homme étant d'être administrateur des choses divines, il peut user pour son profit comme pour son désavantage, des talens qui lui sont confiés, et les merveilles que nous annonce la révolution ne sont pas promises aux serviteurs infidèles.

Je laisse à ton éloquence à tracer le tableau de ces merveilles ; tu en trouveras les couleurs dans ton cœur, et tu sentiras que l'œil de la Providence ne se ferme pas plus sur notre pays qu'il ne se ferma sur Ninive dont les habitans n'étoient pas meilleurs que nous : que si dans ce grand drame qui vient de s'ouvrir et où toutes les nations de l'univers doivent à leur tour remplir un rôle, elle nous a appelés pour représenter dans la première scène, et qu'en conséquence elle ait ouvert sur nous les premiers ses temps de justice, elle ouvrira aussi sur nous les premiers ses temps de clémence et de lumières.

Tu reconnoîtras avec joie que son dessein a été de nettoyer son aire avant d'y apporter le bon grain ; que loin de nous vouer à l'anéantissement de toute religion, elle saura bien en faire naître une du cœur de l'homme qui sera plus pure et moins mélangée que celles que les Souverains autorisent, et font disparoître par leurs seules puissances et par leurs volontés humaines ; mais aussi qui ne sera plus susceptible d'être infectée par le trafic du prêtre et par l'haleine de l'imposture, comme celle que nous venons de voir s'éclipser avec les ministres qui l'avoient déshonorée : ces ministres qui, tandis qu'aucun gouvernement ne devroit marcher que sous l'égide de la prière, ont forcé le nôtre, pour sa sûreté, à rompre toute espèce de rapport avec cette prière, à la retrancher de lui toute entière, comme étant devenue pestilentielle, et à être ainsi le seul gouvernement de l'univers qui ne la compte plus parmi ses élémens, phénomène trop remarquable pour échapper aux observateurs instruits dans les loix de l'équilibre de la justice et des compensations divines.

Tu pourras même trouver des bases à cette consolante espérance, jusques dans nos excès, et, si j'ose le dire, jusques dans nos fureurs presqu'inséparables des crises révolutionnaires, qui comme les remèdes violens ne peuvent ranimer les humeurs salutaires du malade, qu'en mettant à découvert toutes les humeurs corrosives et malfaisantes ; car si tout est vif dans les vengeances des hommes, dans leurs justices, dans leurs passions mêmes et dans les maux lamentables qui en sont les suites, ne devons-nous pas croire que tout seroit vif aussi dans leurs vertus, s'ils s'occupoient davantage de justifier et de réaliser en eux le sens de ce beau nom ?

Croyons donc par analogie que la Providence ne peut manquer de nous offrir les mêmes dédommagemens et la même balance : croyons que si elle est si sévère et si vive dans les actes de sa colère, elle est plus vive encore dans sa douceur et dans son amour, et qu'elle sera encore bien plus près de nous exaucer, lorsque nous implorerons son indulgence et sa bonté vivifiante sur nos semblables, que lorsque nous songeons à conjurer sur eux sa main vengeresse, et qu'ainsi le bonheur de la terre sera, pour ainsi dire, dans la main de l'homme, puisqu'il aura le droit d'aller le puiser jusques dans cette unique source de tout ce qui est bon.

Car n'oublions pas quel est le premier et le plus beau de nos droits en qualité d'hommes ; c'est de pouvoir tous exercer, même dans l'ordre supérieur, le sacerdoce de la bienfaisance envers nos semblables ; c'est d'exposer les maux et les douleurs de la terre à l'éternelle sagesse dont l'œil trop sain et trop pur ne les appercevroit pas sans cet intermède ; c'est d'émouvoir par là le cœur de cette suprême Providence, et d'en faire descendre sur nos concitoyens le baume régénérateur qui seul convienne à leurs plaies et qui puisse leur rendre la vie. Mais n'oublions pas non plus que si nous cessons un instant d'employer tous nos efforts à nous maintenir en état de remplir ce divin ministère, nous pouvons par là laisser en proie à la mort tous ceux que nous aurions eu le pouvoir d'en arracher, si nous eussions cultivé la justice; et pour ne point négliger ces devoirs sacrés, tâchons de ne jamais perdre de vue, que l'homme avoit été fait pour être la prière de la terre.

Adieu, mon ami; salut et fraternité.

Précis d'une Conférence qui a eu lieu aux Écoles Normales le 9 ventose, entre un des Élèves et le Professeur de l'entendement humain.

1.

L'ÉLÈVE. L'épigraphe de votre programme tirée de Bacon : *Etenim illuminationis puritas et arbitrii libertas simul inceperunt, simul corruerunt, neque datur in universi ate rerum tam intima sympathia quàm illa veri et boni*, m'offre deux facultés distinctes dans l'*illuminationis puritas*, et dans l'*arbitrii libertas*; et votre programme ne m'en offre qu'une, en ramenant tout au seul entendement; cependant avec la plus légère attention on voit que les opérations qui se passent en nous relativement à ce qui est vrai et à ce qui est bon, ont deux sièges très-différens.

En outre, c'est ne faire qu'une seule et même chose de ce qui est vrai et de ce qui est bon, que de les placer ainsi sur une seule tige; car une plante ne rend qu'une seule et même production : or, si vous ne faites qu'une seule et même chose de ce qui est vrai et de ce qui est bon, comment accomplirez-vous cette loi de l'*intima sympathia*, dont Bacon fait tant de cas, puisqu'il seroit impossible de concevoir une sympathie là où il n'y auroit qu'une seule chose et qu'une seule base de rapport ?

Pour nous conduire à la perfection de l'entendement, vous nous avez tellement jetés dans le sensitif comme source d'instruction, qu'on est étonné, d'après votre doctrine, que tant de peuples qui nous ont au moins égalés en sensualités, soient restés si loin de nous en fait d'entendement, et que la grande découverte en ce genre n'ait paru, selon vous, qu'au seizième siècle.

Vous

Vous prétendez surtout qu'on a eu tort d'admettre un sens moral pour ce qui est moralement bon ; vous avez cru qu'on s'engageoit par-là à créer aussi un second sens moral pour ce qui est moralement mauvais. Mais dans le physique, nous n'avons qu'un seul sens de la vue pour appercevoir les objets réguliers et les objets difformes ; qu'un seul sens du goût pour connoître ce qui est amer et ce qui est doux, etc. De même dans le métaphysique, nous n'avons qu'un seul sens intellectuel pour juger des propositions qui sont vraies, et de celles qui ne le sont pas. Pourquoi aurions-nous donc besoin de deux sens moraux pour juger des affections morales, bonnes et mauvaises ? Dans les deux classes, soit physique, soit métaphysique, chacun de nos sens est comme un expert qui observe et fait son rapport, mais qui en même temps est privilégié dans sa partie ; ainsi le sens moral simple est à-la-fois indispensable et suffisant pour nous transmettre les impressions morales, bonnes ou mauvaises, comme nos autres sens simples sont indispensables et suffisans pour remplir chacun les fonctions de leurs différens ministères ; et le nom de sensibilité universelle que vous avez voulu introduire ici pour désigner le moral de l'homme, ne change rien au fond des choses ; ce nom n'exprime que le mode des instrumens, et non pas les instrumens même.

Profitons ici des leçons des sciences naturelles. S'il nous est permis et utile d'imiter quelquefois la chymie dans ses analyses, ce n'est, ce me semble, qu'après nous être munis du procès-verbal du Naturaliste circonspect qui se borne à constater et à peindre les objets tels que la nature les a formés, et qui craindroit, en y portant la main, de défigurer leur structure ; sans cette précaution, nous courons le risque de donner pour une œuvre de la nature, ce qui pourroit n'être que le fruit informe de nos manipulations.

Ainsi je requiers pour premier amendement, le rétablissement du sens moral, comme étant une des sources de notre perfectionnement.

2.

Tome II des leçons, page 31. Vous avez reproché à Rousseau d'avoir dit que *la parole a été une condition indispensable pour l'institution de la parole*; et dans la même page, vous dites que *l'homme n'a pu créer une langue que sur le modèle d'une langue qu'il n'avoit pas créée.*

Sans me prévaloir de l'opposition manifeste de ces deux passages, et sans entrer dans la discussion de la langue des signes et de la

F

langue parlée, non plus que dans la question de savoir à laquelle de ces deux sortes de langues appartient la précession, ou s'il n'y a pas eu pour elles une descendance réciproque et alternative, voici un fait : Dans tout ce qui peut être connu de nous, soit par nos yeux physiques, soit par nos yeux intellectuels, il n'y a rien qui ne vienne par une semence et par un germe. Nous n'en doutons point dans l'ordre physique, puisque telle est la loi de toutes les reproductions, ni dans l'ordre de toutes les choses imitatives que nous exécutons, et dont nous puisons le germe dans les modèles et les exemples qui nous électrisent assez pour nous féconder. Nous n'en pouvons douter non plus dans les langues des signes, soit imitatifs, soit naturels, puisque les uns ont leur germe dans l'exemple, et les autres dans la nature. Pourquoi donc les langues parlées seroient-elles seules exceptées de cette loi universelle ? pourquoi n'y auroit-il pas une semence pour elles, ainsi que pour tout ce qui est remis à notre usage et à notre réflexion ? et pourquoi le plus beau de tous nos privilèges, celui de la parole vive et active, seroit-il le seul qui fût le fruit de notre puissance créatrice, tandis que pour tous les autres avantages qui lui sont inférieurs, nous serions subordonnés à un germe et condamnés à attendre la fécondation ?

Ainsi je conclus pour le second amendement, que *la parole a été nécessaire pour l'institution de la parole.*

3.

Programme, page 45. En parlant du doute universel où fut conduite l'Ecole de Socrate, vous dites : *C'étoit le point d'où il falloit partir, mais ce n'étoit pas le point où il falloit arriver et rester.* Et dans une séance qui ne nous a point été livrée en entier, vous avez dit, *qu'il étoit impossible de savoir et inutile de chercher si la matière pense ou ne pense point.* Assurément si de ce doute universel où il ne falloit ni arriver, ni rester, il y avoit une portion qu'il nous fût intéressant de dissiper, ce seroit celle-ci. Mais oserai-je dire que votre propre doctrine me fournit deux moyens de sortir de l'incertitude sur cet important objet ?

Le premier consiste en ce que vous nous avez annoncé la culture comme étant le guide qui doit conduire les esprits à la vérité ; culture que vous réduisez toujours à soigner nos pensées et les opérations de notre entendement. Or, la matière n'ayant point de culture à elle, nous pourrions déjà fortement soupçonner qu'elle n'a point la pensée qui n'est que le sujet de cet instrument; car la nature est trop sage pour faire un don à un Être, et lui refuser en même temps le seul moyen avec lequel il puisse le mettre en œuvre.

Le second est tiré de vos propres expressions sur les langues qui, selon votre programme, page 48, *ont été reconnues comme nécessaires, non-seulement pour communiquer nos pensées, mais même pour en avoir.* Car en prenant le mot *langues* dans son sens fondamental, c'est une chose assez évidente que la matière n'a point de langues, quoique les animaux aient des signes et des sons pour exprimer leurs affections. En effet, nos langues sont sur-tout l'expression de nos pensées ou de nos jugemens; nos pensées ou nos jugemens sont l'expression des diverses manières dont nous considérons les objets, et c'est parce que nous avons le pouvoir de considérer différemment une ou plusieurs faces des mêmes objets, que nous avons une si grande variété dans nos langues. Les langues des animaux, au contraire, n'ont qu'une uniformité absolue parmi chaque espèce; et il n'y a pas plus de variété dans leurs langues, qu'il n'y en a dans tous leurs actes externes. Alors s'il n'y a point de variété dans leurs langues, il n'y a donc point non plus de variété dans les opérations internes que leurs langues devroient exprimer; et s'il n'y a point de variété dans leurs opérations internes, ils n'ont donc besoin ni de pensée, ni de jugement, puisque le jugement et la pensée ne s'exercent que sur des choses diverses ou sur les différentes faces d'une même chose.

Ainsi l'uniformité de la langue des animaux dans chaque espèce est la preuve démonstrative qu'ils n'ont point de langues; et leur défaut de langues, joint à leur défaut de culture, est la preuve démonstrative qu'ils n'ont point la pensée. Ainsi nous pourrons sortir de ce doute désespérant auquel vous nous aviez réduits, et prononcer hautement que la matière ne pense point; et c'est-là le troisième amendement que je sollicite.

On se seroit fait un plaisir de publier aussi les réponses du Professeur, si elles eussent été moins étrangères aux observations de l'Élève.

F I N.

A PARIS, de l'Imprimerie de MIGNERET, rue Jacob, N.º 1186.

www.ingramcontent.com/pod-product-compliance
Lightning Source LLC
LaVergne TN
LVHW050616090426
835512LV00008B/1521